〜本書を活用した大学入試対策

☐ **志望校を決める（調べる・考える）**

　入試日程，受験科目，出題範囲，レベルなどが決まるので，やるべきことが見えやすくなります。

☐ **「合格」までのスケジュールを決める**

　基礎固め・苦手克服期 …受験勉強スタート〜入試の6か月前頃

・教科書レベルの問題を解けるようにします。

・苦手分野をなくしましょう。

⇨ 長文問題に不安な人は，
『大学入試 ステップアップ 英語長文【基礎】』に取り組みましょう。

　応用力養成期 …入試の6か月前〜3か月前頃

・身につけた基礎を土台にして，入試レベルの問題に対応できる応用力を養成します。

・志望校の過去問を確認して，出題傾向，解答の形式などを把握しておきましょう。

・模試を積極的に活用しましょう。模試で課題などが見つかったら，『大学入試 ステップアップ 英語長文【基礎】』で復習して，確実に解けるようにしておきましょう。

　実戦力養成期 …入試の3か月前頃〜入試直前

・時間配分や解答の形式を踏まえ，できるだけ本番に近い状態で過去問に取り組みましょう。

志望校合格！！

📖 **長文読解のキーポイント**

◎ **構文を見抜く**

　英語の文の成り立ちを見抜き，しっかりと英文の意味をとらえるようにしましょう。

◎ **等位接続詞 and / or / but / ,（カンマ）に着目し，文の構造をきちんと把握する**

　等位接続詞などが英文中にある場合は，その接続詞が何と何を結びつけているかを見極めて，英文全体の構造を把握できるようにしましょう。

◎ **省略されている語句をすばやく見抜く力を養う**

　英文中には動詞など，一部語句が省略されている個所もあります。どのような語句が省略されているかを推測し，英文の意味を捉えられるようにしましょう。

◎ **代名詞，代動詞が何を指しているのかを，きとんと理解する**

　英文中で，代名詞や代動詞が使われている場合，どの名詞や動詞の代わりとして使われているかを読み解き，英文を正しく理解できるようにしましょう。

～本書のしくみ～

本冊

基本的には，見開き2ページで
1単元が完結する構成です。

■ notes

英文中の難しい
単語・熟語には
訳をつけています。語彙を増や
すためにもしっ
かり確認しま
しょう。

☆ 重要な問題

大意把握など，
ぜひ取り組んで，
きっちりと理解
し，内容をおさ
えておきたい問
題です。

解答・解説

解答部分を赤く示し，解
説との見分けをつきやす
く工夫したので，単元単
位でしっかり理解を深め
られます。

詳しい解説つきです。正
誤確認だけでなく，解答
するときのポイントにな
る解説も注目しましょう。

各問題に全文訳を付けて
います。
英文の意味が十分理解で
きなかったところは，適
宜参照しましょう。
特に大意把握の問題の中
には，全体の流れがわか
らないと解けない問題も
ありますので，全文訳を
確認しましょう。

Point

長文に出てきた重要な文
法事項を取り上げ，例文
と和訳，解説を掲載して
います。

📖 本書の活用例

◎ 実際の入試問題に取り組み，まとまった英文を読むことに慣れ，繰り返し読んでいくうち
に，英文を早く，正確に読む訓練ができます。

目　次

本書に関する最新情報は，小社ホームページにある**本書の**「**サポート情報**」をご覧ください。（開設していない場合もございます。）
なお，この本の内容についての責任は小社にあり，内容に関するご質問は直接小社におよせください。

　　When I was much younger, I lived in Germany （　①　） two years. I wanted to see more of Europe while I was there, so I thought it would be a good idea to visit France （　②　） my vacation. About a month before I planned to go, I got a book to study French （　③　）, and when I was ready to leave, I knew some basic expressions,
5　although I had not yet actually spoken with anyone using French. ［　　A　　］, enjoying the beautiful spring weather from the train window. Things went well and I was happy. As I approached the border and prepared to enter France, ［　　B　　］, so I decided to have lunch in France. (a)This meant that I would need to speak French. (b)Studying a foreign language is one thing, but then traveling to a foreign country and
10　actually using it is quite another. ［　　C　　］. I couldn't remember how to say anything in French! Breathing deeply and slowly gradually helped me relax, and I began to remember some of the expressions I had studied. I began to feel better, but then I began to worry if I might mix up the words, or would perhaps say （　D　） when everyone was watching me. By then I had crossed the border, was arriving （　④　）
15　a small town in France, and was very hungry. I got off the train and went into the only restaurant I could find, found I could understand some of the things on the menu, and did my best to order my first French lunch. The waiter seemed to understand me, and a few minutes later, brought exactly what I had tried to order, and it was delicious. (c)I had succeeded! Although using French was sometimes difficult, from that day on I
20　never worried about using it again, and so was able to enjoy my visit.

［九州国際大–改］

■ notes

7. approach「～に近づく」 border「国境」　11. breathe「呼吸する」　13. mix up「～を混同する」
15. get off「～（電車，バスなど）から降りる」　17. do *one's* best「精一杯努力する，最善を尽くす」
order「～を注文する」　19. from that day on「その日から」
(2) **イ**. panic「うろたえる」　**ウ**. set out on ～「～に出発する」　(5) ridiculous「ばかげた，おかしな」

(1) 空所①〜④に入れるのに最も適当なものをア〜エの中からそれぞれ１つずつ選び，記号で答えよ。
同一の語は１回しか使用してはならない。(2点×4)

ア at　**イ** during　**ウ** for　**エ** with

①	②	③	④

(2) 空所　A　〜　C　に入れるのに最も適当なものをア〜ウの中からそれぞれ１つずつ選び，記号で
答えよ。同一のものは１回しか使用してはならない。(4点×3)

ア I began to feel hungry

イ I began to panic

ウ I set out on my adventure

A	B	C

(3) 下線部(a)の指す内容を日本語で説明せよ。(4点)

☆ (4) 下線部(b)を日本語に直せ。(6点)

(5) 空所(D)に入れるのに最も適当なものをア〜エの中から１つ選び，記号で答えよ。(2点)

ア ridiculous something　　**イ** something ridiculous

ウ impressive something　　**エ** something impressive

(6) 筆者が下線部(c)のように思った理由を日本語で説明せよ。(6点)

Sometimes animals die. It is a fact of nature. Sometimes all the members of a particular species of animal die. ①That also is a fact of nature. Take dinosaurs, for example. Scientists are still not certain why all of the dinosaurs died, but most likely they died from some kind of natural cause.

5　In the modern world, (　②　), many animals die from causes that are not natural. Consider the species アliving in the rainforest. Every day, more and more areas of rainforests are cut down or burned. When parts of the rainforests are lost, all of the animals イliving there lose their homes, or they are killed by the cutting of trees and fires.

10　The rainforest is not the only place where animals are losing their homes and dying. ③Around cities, animals are facing similar situations. As cities grow, humans move into the natural areas surrounding them. This means that every kind of animal from mice to birds to deer must either adapt to ウliving near humans or move to another area. Those animals — or in some cases those species — which are not able to adapt or find
15 new homes eventually die.

In recent years, efforts have been made to protect certain lands in order to prevent killing the plant and animal species native to the area. State and national parks along with special areas for birds and wildlife have been established to protect the natural homes of endangered species. Also, wildlife management programs have helped bring
20 back some species from almost certain extinction. A good example of this is the bald eagle. Less than fifty years ago, the North American bald eagle was in serious danger of extinction. The use of DDT, a chemical that kills insects, was affecting the eagle's population. Too many farmers were using this chemical. Finally, ④〔DDT / farmers / made / the government / stop / using〕, and then scientists stepped in to make sure
25 that eagle eggs were protected until the young could be born. Today, the bald eagle is (　⑤　) endangered, and the number of eagles in the United States continues to grow without the help of scientists.

Although protected lands have been established and wildlife management programs keep an eye on highly endangered species, ⑥scientists have yet to determine if these
30 efforts are enough. Is it possible to save all the plants and animals that are endangered today, or is it already too late?

（注）bald eagle「ハクトウワシ」　DDT「ディーディーティー（殺虫剤）」　　　　　　　　　［愛知工業大-改］

(1) 下線部①の指す内容を日本語で説明せよ。(4点)

[answer box]

(2) 空所②，⑤に入れるのに最も適当なものをア〜エの中からそれぞれ1つずつ選び，記号で答えよ。

(2点×2)

②　ア however　　イ namely　　ウ nonetheless　　エ therefore
⑤　ア at most　　イ at least　　ウ no longer　　エ nothing but

②[   ]　⑤[   ]

(3) 下線部ア〜ウの living のうち，他と用法の異なるものを1つ選び，記号で答えよ。(2点)

[   ]

(4) 下線部③を similar situations の内容がわかるように日本語で説明せよ。(6点)

[answer box]

(5) 下線部④が「政府は農民に DDT を使うことを止めさせた」という意味になるように〔　　〕内の語句を正しく並べかえよ。(4点)

[answer box]

☆ (6) 下線部⑥を日本語に直せ。(6点)

[answer box]

■ notes

2. species「種」 dinosaur「恐竜」　4. die from 〜「〜が原因で死ぬ」　6. rainforest「熱帯雨林」
11. face「〜に直面する」 similar「同様の」 situation「状況」　13. adapt to 〜「〜に適応[順応]する」
16. make an effort「努力する」 prevent「〜を防ぐ」　17. native to 〜「〜に特有の」
along with 〜「〜と一緒に，〜に加えて」　18. establish「〜を設立する」
19. endangered「絶滅の危機にさらされた」　20. extinction「絶滅」　21. serious「深刻な，重大な」
22. affect「〜に影響を及ぼす」　24. step in「介入する」 make sure that 〜「確実に〜するようにする」
25. the young「(動物・鳥の)子たち」　26. continue to do「〜し続ける」
29. keep an eye on 〜「〜に監視の目を向ける」

時間 30 分 ｜ 得点

合格 22 点 ｜ /32点

月　　日

解答 ▶ 別冊p.3

　　In one way or another I have used whatever has happened to me in the course of my life in my writings. ①Sometimes an experience I have had has served as a theme and I have invented a series of incidents to illustrate it; more often I have taken persons whom I have known slightly or intimately and used them as the foundation for characters of my imagination.

　　Fact and fiction are so mixed together in my work (　②　) now, looking back on it, I can hardly distinguish one from the other. It would not interest me to record the facts, even if I could remember them, especially if I have already used them in my stories. The facts would seem, moreover, very dull.

　　I have had an interesting life, but not an adventurous one. I have a poor memory. I can never remember a good story till I hear it again, and then I forget it before I have had a chance to tell it to somebody else. I have never been able to remember even my own jokes, so that I have been forced to go on making new ③ones. This lack of the ability to remember, I am aware, has made being with me less pleasant.

　　I have never kept a diary. ④I wish now that I had kept a diary during the year after my first success as a writer of plays. For I met then many important people, and it might have turned out to be an interesting document.

　　At that period the confidence of the people in the aristocracy had been destroyed by the confusion they had brought about in South Africa, but the aristocracy had not realized this, and they preserved their old self-confidence. Some of those people I frequently visited still talked as though to ⑤run the British Empire were their private business. It gave me a peculiar sensation to hear it (　⑥　), when a national election was rumored, whether one friend should have the Home Office and whether another friend would be satisfied with something less important. I do not suppose that anyone today reads the novels of Mrs. Humphry Ward. Although they may be dull, I think that some of them give a very good picture of (　⑦　) the life of the aristocracy was then. Novelists were still much concerned with it, and even writers (　⑧　) had never known high-ranking people thought it necessary to write largely about persons of rank.

（注）the Home Office「内務省」　Mrs. Humphry Ward「(1851－1920)イギリスの小説家・社会事業家」

[福岡大－改]

■ notes

1. in one way or another「いろいろなやり方で，あれやこれやの方法で」　5. character「登場人物」
6. look back on ～「～をふり返る」　7. distinguish A from B「A と B とを区別する」
10. adventurous「冒険的な」　13. go on *doing*「～し続ける」
17. turn out to be ～「～の結果になる，～であると判明する」　document「記録，書類」
18. confidence in ～「～への信頼」　aristocracy「貴族」　19. confusion「混乱」
21. the British Empire「大英帝国」　22. national election「総選挙」
27. *be* concerned with ～「～に関心がある」　28. high-ranking「上流階級の」

☆ (1) 下線部①を日本語に直せ。(6点)

```



```

(2) 空所②, ⑥, ⑦, ⑧に入れるのに最も適当なものをア～エの中からそれぞれ1つずつ選び, 記号で答えよ。(2点×4)

	ア	イ	ウ	エ
②	it	that	what	which
⑥	talked	talking	discussed	discussing
⑦	it	that	what	which
⑧	they	what	whom	who

② ☐　⑥ ☐　⑦ ☐　⑧ ☐

(3) 下線部③が指しているものを, 文中の1語で書け。(4点)

☐

(4) 下線部④の理由を日本語で説明せよ。(6点)

```



```

(5) 下線部⑤とほぼ同じ意味の run を含む英文をア～エの中から1つ選び, 記号で答えよ。(2点)

ア He ran up the stairs hastily.

イ My uncle runs a restaurant in Sapporo.

ウ Your nose is running.

エ The horse ran the last 600 meters in 31 seconds.

☐

☆ (6) 本文の内容と一致する文を次のア～オの中から1つ選び, 記号で答えよ。(6点)

ア 筆者は事実を覚えている場合にはそれを記録に残しておくことに関心がある。

イ 筆者ははらはらするような冒険に満ちた人生を送ってきた。

ウ 筆者は, 自分の記憶力がよくないために, 一緒にいる人は楽しくないと思っている。

エ 南アフリカでは, 人々の貴族への信頼はなくなっており, 貴族はそのことに気づいていた。

オ 筆者はどんな人でもハンフリー・ウォードの小説を読んでいると思っている。

☐

Restaurant chefs, home cooks, and foodies — people who love good food — often say that we eat with all of our senses.

First, we use our sense of sight to ①appreciate how a meal is presented, (　　　) on a dinner plate or a dining table.　Our sense of touch can also be important when
5　preparing or sharing food.　Next, with our sense of ［　②　］, we breathe in the mouth-watering aromas rising up from the meal.　Finally, we enjoy and perhaps even savor the food with our sense of taste.

But what about our sense of hearing?　Does sound also ③affect our dining experience?　A new report answers, "yes," it does.　That answer comes from
10　researchers at Brigham Young University and Colorado State University in the United States.　They found that hearing is important in the eating experience.

Hearing is often called "the forgotten food sense," says Ryan Elder.　Elder is an assistant of marketing at Brigham Young University's Marriott School of Management. He says that if people notice the sound the food makes as they eat it, they might eat
15　less.　On the other hand, watching loud television or listening to loud music while eating can hide such noises.　And this could lead to overeating.

For the study, the researchers wanted to test whether the sounds of eating — chewing, chomping and crunching — had any effect ［　④　］ how much a person ate.　During the experiments, the test subjects wore headphones and listened to noise at (　　　) a
20　high or low audio level.　Then researchers gave them a crunchy snack: pretzels.　The study found that subjects who listened to the higher volume noise ate more pretzels than those with the low audio levels.

Elder says that when hiding the sounds of eating, like when you watch television or listen to loud music while eating, you take away the sense of hearing.　And this may
25　cause you to eat more than you would normally.

The researchers are calling this the "crunch effect."　The researchers admit that the effects may not seem like much at one meal.　But over a week, a month, or a year, all that food can really add up.

But besides not overeating, there is another upside.　Hearing the noises of your meal
30　as you eat could help you to be more mindful of the experience and perhaps help you to enjoy it more.

（注）　savor「ゆっくり味わう」　subjects「被験者たち」
　　　pretzels「プレッツェル」ひもを結んだ形のかりっとした塩味のビスケット　　　　　　　　［武蔵大-改］

(1) 下線部①, ③の意味として最も適切なものをア〜エから１つ選べ。(4点×2)

① **ア** count **イ** imitate **ウ** realize **エ** welcome

③ **ア** attack **イ** influence **ウ** love **エ** pretend

① [　　] ③ [　　]

(2) 空所②, ④に入れるべき最も適切な語をア〜エから１つ選べ。(2点×2)

② **ア** sight **イ** smell **ウ** taste **エ** touch

④ **ア** for **イ** in **ウ** on **エ** to

② [　　] ④ [　　]

(3) (　　　　) に共通して入れるべき最も適切な語をア〜エから１つ選べ。(4点)

ア and **イ** both **ウ** either **エ** then

[　　]

☆ (4) 第4段落(Hearing is often ... lead to overeating.)の内容と一致するものをア〜エから１つ選べ。(6点)

ア Food consumption may be related to the sound of eating.

イ Many people prefer to listen to light music when eating.

ウ People tend to eat moderately when their sense of hearing is blocked.

エ Ryan Elder is a researcher who specializes in cooking.

[　　]

☆ (5) 最終段落(But besides not ... enjoy it more.)の内容と一致するものをア〜エから１つ選べ。(6点)

ア Being hungry makes us less concerned about the taste of our food.

イ By not listening to loud noises while eating, we can enjoy our meals more.

ウ It is important for us to cut down on our food if we are serious about losing weight.

エ We should pay special attention to the nutritional value of the food we consume.

[　　]

☆ (6) 本文の内容と一致するものをア〜エから１つ選べ。(6点)

ア If you want to avoid overeating, listen to yourself eat.

イ Some people say that hunger is the best sauce.

ウ There are many ways to get rid of some of your fat.

エ You should eat to live, not live to eat.

[　　]

■ notes

1. chef「シェフ, 料理人」 foodie「食に凝る人」 5. mouth-watering「おいしそうな」
6. aroma「(心地よい)匂い」 10. Brigham Young University「ブリガム・ヤング大学」
Colorado State University「コロラド州立大学」
13. Marriot School of Management「マリオット・スクール・オブ・マネジメント(＝ビジネススクール)」
17. chew「噛む」 18. chomp「むしゃむしゃ食べる」 crunch「がりがり噛む」 19. experiment「実験」
20. crunchy「かりっとした(歯ごたえの)」 24. take away「〜をなくす」
25. cause O to do「(主語のせいで)O が〜する」 29. besides 〜「〜に加えて」 upside「利点」
30. mindful「意識して」

There was once a man who spent all his spare time in one of his four glasshouses. Flowers was his name, and flowers were his main joy in life. He grew flowers of every color under the sun, with names as long and difficult as those of the rulers of Ancient Rome. He grew these flowers in order to enter them for competitions. (A)His one
5　ambition in life was to grow a rose of an entirely new color that would win the silver cup for the Rose of the Year.

Mr. Flowers' glasshouses were very close to a public path. This path was always used by children and young people walking to and from school. Boys of around thirteen years old, in particular, were often tempted to throw a stone or two at one of
10　Mr. Flowers' glasshouses. They managed to resist the temptation when Mr. Flowers was about, but ①the temptation often proved to be too strong when Mr. Flowers was nowhere to be seen. For this reason, Mr. Flowers did his best to be in or close by his glasshouses at the beginning and end of the school day.

However, it was not always convenient or possible to be on guard at these times.
15　Mr. Flowers had tried in many ways to prevent damage to his glass; but (B)nothing that he had done had been successful. He had been to the school to complain to the headmaster; but this had not done any good. He had hidden in bushes and chased boys that threw stones into his garden; but the boys could run faster than he could, and they laughed at him from a distance. He had even walked along the path and picked up
20　all the stones that he could find, so that the boys would have nothing to throw; but they soon found ②others, or threw lumps of earth instead.

Then, just as he was giving up hope of ever winning the battle, and of growing the Rose of the Year, he had a truly ③marvellous idea. He put up a large notice some meters away from the glasshouses where it could be clearly seen from the path. He
25　had painted on the board the words: DO NOT THROW STONES AT THIS NOTICE. After this, Mr. Flowers had no further trouble; the boys were much more tempted to throw stones at the notice than at the glasshouses.

■ notes

1. spare time 「余暇」　glasshouse 「温室」　6. the Rose of the Year 「ローズ・オブ・ザ・イヤー」
9. *be* tempted to *do* 「～する気になる」　14. on guard 「見張って」　16. complain to ～ 「～に苦情を言う」

☆ (1) 下線部(A)と(B)を日本語に訳せ。(4点×2)

(A)	
(B)	

(2) 下線部①を具体的な内容がわかるように，本文中の語句を使って書け。(2点)

(3) 下線部②を２語（英語）で言いかえよ。(2点)

☆ (4) 次のア〜キの中には本文の内容と一致しないものが２つある。記号を書け。(6点×2)

ア フラワーズさんは花屋ではなく，趣味で花の栽培をしていた。
イ フラワーズさんの育てていた花にはややこしい名前がついていた。
ウ フラワーズさんの温室は登下校時にはよく生徒たちが通る道のそばにあった。
エ フラワーズさんは銀の鉢でバラの花を咲かせようと懸命に研究していた。
オ フラワーズさんは品評会に出すために珍しい色のバラを咲かせようと一生懸命だった。
カ 子どもたちは石が見つからないと土の塊を投げつけた。
キ 子どもたちはフラワーズさんがいても温室にいたずらをした。

(5) 子どもたちの温室荒らしを止めさせるためにとった手段のうち，不成功に終わった４例を日本語で
簡潔に記せ。(4点×4)

(6) 下線部③は具体的にどんなことを言っているのか。60字程度（日本語）で説明せよ。(8点)

American scientists have found that some birds are more intelligent than experts had believed. The scientists say birds have abilities in communication and different kinds of memory. In some unusual cases, ①their abilities seem better than those of humans.

5　The findings were presented at the yearly meeting of the American Association for the Advancement of Science. Irene Pepperberg presented her research about a grey parrot named Griffin. He lives in her laboratory at the Massachusetts Institute of Technology in Cambridge. Dr. Pepperberg says Griffin can arrange objects in order of size. She says the talking bird also can combine words in the (　A　) order. For
10　example, ②he will combine words when asking for a piece of food.

The researcher says experts had thought that only humans and other mammals with large (　B　) have the ability to combine objects and words. She believes that bird brains have the ability to understand that complex tasks must be done in the correct order.

15　Some birds have other memory skills. For example, they collect and store thousands of seeds in autumn, and (　C　) them later in winter. Alan Kamil and Alan Bond of the University of Nebraska are studying the memories of birds called jays and nutcrackers. Their experiments suggest that these birds use natural objects to find the seeds they have stored. They found the birds use at least three objects, such as rocks
20　or trees, to find the stored seeds.

Dr. Kamil also was able to train a jay to choose one object instead of another. The bird used this skill to receive a prize, such as (　D　). Scientists also say some birds can learn as many as 2,000 different songs. They say songs may have developed as a way for birds to communicate with other birds.

25　Verner Bingman of Bowling Green State University in Ohio also presented research at the science meeting in Boston. Professor Bingman believes that birds must have a special guidance system in their brains. He says that understanding how a bird's brain operates may help us better understand how a human brain processes information.

（注） mammal「哺乳動物」

[明星大-改]

■ notes

5. the American Association for the Advancement of Science「アメリカ科学振興協会」
6. grey parrot「ヨウム（＝大型のインコの一種）」　7. laboratory「研究室」
Massachusetts Institute of Technology「マサチューセッツ工科大学」
17. jay「カケス」　18. nutcracker「ホシガラス」

(1) 空所(A)〜(D)に最も適切なものをア〜エから１つずつ選べ。(2点×4)

(A) **ア** bad **イ** left **ウ** quick **エ** right

(B) **ア** brains **イ** eyes **ウ** hands **エ** wings

(C) **ア** fly **イ** find **ウ** kill **エ** receive

(D) **ア** food **イ** memory **ウ** money **エ** words

(A) ☐ (B) ☐ (C) ☐ (D) ☐

(2) 下線部①と②が指すものをア〜エから１つずつ選べ。(4点×2)

① **ア** birds **イ** cases **ウ** memories **エ** scientists

② **ア** Dr. Kamil **イ** Dr. Pepperberg **ウ** Griffin **エ** a jay

① ☐ ② ☐

(3) ①〜③の問いの答えとして最も適切なものをア〜エから１つずつ選べ。(6点×3)

① What can some birds actually do?

ア They can communicate better than humans.

イ They can remember where they had stored seeds.

ウ They can tell other birds to arrange objects.

エ They can use tools to remember songs.

☐

② What did Dr. Pepperberg discover?

ア She discovered that a jay is more intelligent than a nutcracker.

イ She discovered that a grey parrot can combine words.

ウ She discovered that birds cannot do complex tasks.

エ She discovered that only humans can use language.

☐

③ What did Dr. Kamil manage to do?

ア He collected thousands of seeds and remembered them.

イ He taught a bird more than 2,000 songs.

ウ He trained a bird to tell one object from another.

エ He trained some birds to make tools from natural objects.

☐

(4) この英文のタイトルとして最も適切なものをア〜エから選べ。(6点)

ア Birds are more intelligent than humans

イ Birds do not really understand words

ウ Birds have surprisingly good memory

エ Birds know how their brain operates

☐

The ancient Egyptians believed in life after death. To them death was simply the next stage in a person's life cycle. They believed that after death they traveled to the afterlife, (①) they were reborn and lived forever — but this could only take place if their bodies were preserved. It was for this reason that the Egyptians made
5　mummies, or dried-up dead bodies preserved from decay.

Ancient Egypt's first mummies were made around 6,000 years ago, but they were not made by people. Instead ②they were accidents of nature created by the hot and dry conditions of Egypt's environment. When a body was buried, the hot dry sand absorbed its moisture, and rather than rotting away, its soft tissue slowly dried out,
10　creating a natural mummy.

Perhaps it was the unexpected discovery of sand-dried bodies — natural mummies — ③that first gave the Egyptians the idea of experimenting with ways of preserving human tissue. The first attempts at making mummies on purpose seem to (④) around 3400 B.C. As the craft of mummy making was perfected and spread throughout
15　Egypt, it became the accepted method of preparing a person for everlasting life, or immortality. (A)To become an immortal was the next stage in a person's existence. Everyone wanted (B)to be reborn and live forever in the afterlife, but for this (C)to happen the Egyptians believed that their bodies had to be saved and not allowed to rot away.

The Egyptians said ⑤death was the "night of going forth to life." It was their way
20　of saying a person was about to begin the journey to a new existence in the afterlife. It was a difficult journey — with lakes of fire (D)to cross and monsters to avoid. If the person said the right magic words and passed a series of tests, they would enter the afterlife. If they failed, they would not become immortal.

（adapted from *Mummies* by John Malam, 2003）

［駒澤大-改］

■ notes
3. afterlife「あの世，来世」 4. body「肉体，死体」 5. mummy「ミイラ」 8. bury「～を埋める」
9. rot「腐る，朽ちる」 tissue「(細胞)組織」 13. on purpose「故意に」 14. craft「技術」
15. everlasting「永遠に続く，不滅の」 16. immortality「不死，不滅」 22. magic word「魔法の呪文」

(1) 空所①，④に入れるのに最も適当なものをア～エの中からそれぞれ１つずつ選び，記号で答えよ。

(2点×2)

① **ア** where   **イ** that   **ウ** what   **エ** which

④ **ア** be made   **イ** have made   **ウ** have been made   **エ** make

①   ④

☆ (2) 下線部②を日本語に直せ。(6点)

(3) 下線部③の that と同じ用法の that を含む文をア～エの中から１つ選び，記号で答えよ。(2点)

ア Peter is certainly the sort of man that attracts a lot of women.

イ She was blind to the fact that almost everyone around her didn't like her.

ウ It was when I was in the restaurant that the earthquake occurred.

エ It is certain that Brian went to see Mary yesterday.

(4) 下線部(A)～(D)の不定詞で，同じ用法の組み合わせをア～エの中から１つ選び，記号で答えよ。(2点)

ア (A)−(B)   **イ** (A)−(C)   **ウ** (B)−(D)   **エ** (C)−(D)

(5) 下線部⑤の具体的な意味を日本語で説明せよ。(6点)

☆ (6) 本文の主題として最も適当なものを次のア～エの中から１つ選び，記号で答えよ。(6点)

ア 古代エジプト人がミイラを作ったのは死体の腐敗を避けるためである。

イ 古代エジプト人は自然が作ったミイラには魂が存在しないと考えた結果，人工のミイラを作った。

ウ 古代エジプト人は死んでも肉体が保存されている限り来世で生まれ変われると信じ，ミイラを作った。

エ 古代エジプトでは魔法の呪文を唱えることができる人たちだけが来世での生存を許された。

　　In the modern world, men and women are equal in many ways. Sometimes, they even wear the same clothes, but there are still small differences. For example, think about buttons. It is a strange fact that men and women button up shirts and jackets from different sides. The buttons on a man's shirt are on the right side, (　　　) on a
5　woman's shirt or blouse, the buttons are on the left. Why is that?

　　No one seems to know for sure, but there are several theories. Many of the theories are based on the fact that most people are right-handed. For example, in the past, many men carried weapons like swords every day, especially wealthy or important men. To reach their sword with their right hand, they needed to be able to easily slide
10　their hand inside their jacket or tunic. Even earlier, when men wore armor, it would have been safer for them if a right-handed enemy could not easily push the point of a knife or sword between the pieces of their armor. Thus, the left side of the armor overlapped the right, just as shirts and jackets do today.

　　For women, it is thought that they tended to hold babies in their left arm so that their
15　right hand would be free to do other things. With babies in the left arm, it would be easier to open the right side of their shirts, or blouses, to let their babies breast-feed.

　　Some think the difference was created (a)on purpose. They suggest that in the early years of industrialization, when clothing was first mass-produced, some people wanted to emphasize the difference between men and women, even in a simple thing like
20　clothing.

　　One good theory is that around the same time many women, especially those who were wealthy or noble, did not dress themselves. A servant did that for them. As the servants were also mostly right-handed, it (b)made sense for women's buttons to be on the left. And as fashion is often determined by the rich and famous before being copied
25　by the rest of us, it is thought that the pattern for all women was set in that way.

　　Perhaps there is no one answer for the difference. Maybe the reason is a combination of several different factors. What we can say for certain is that (　　　) there have been many advances in social equality between the genders, some things are still different.

（注）armor「鎧（よろい）」　　　　　　　　　　　　　　　　　　　　　　　　　［阪南大-改］

■ notes

6. theory「（推測の域を出ない）説」　9. slide「～を滑り込ませる」
10. tunic「チュニック（＝ひざ上まで届く上衣）」　13. overlap「～に重なる」
14. tend to *do*「～しがちである，～することが多い」　16. breast-feed「母乳で育つ」
18. industrialization「産業化」　mass-produce「～を大量生産する」　19. emphasize「～を際立たせる」
22. noble「高貴な」　servant「召使い」　24. copy「～を真似る」　28. between the genders「男女間の」

(1) (   )に共通して入れるべき最も適切な語をア～エから１つ選べ。(2点)

ア as   **イ** because   **ウ** when   **エ** while

(2) 下線部(a)，(b)の意味として最も適切なものをア～エから１つ選べ。(4点×2)

(a) **ア** eventually   **イ** probably   **ウ** lately   **エ** intentionally

(b) **ア** extreme   **イ** reasonable   **ウ** ridiculous   **エ** sustainable

(a) [   ]   (b) [   ]

☆ (3) 本文の内容に最も一致する文を，①～⑤に与えられた各々のア～エから１つ選べ。(6点×5)

① **ア** Men and women like to wear the same buttons on their shirts.

イ Women and men have the same taste in fashion.

ウ Women prefer to have buttons on the right-hand side of their shirts.

エ Shirts for men and women are different even when they look similar.

② **ア** The reason for the difference in buttons is very clear and easy to understand.

イ Differences in the clothes for men and women are always about buttons.

ウ There are several theories for differences in clothes for men and women.

エ All theories about buttons on clothes for men and women are wrong.

③ **ア** That most people are right-handed seems to explain where buttons are placed.

イ Button sides cannot be changed because men must carry weapons.

ウ Knives and swords can only be used by right-handed men.

エ Since most women are left-handed, women's buttons are on the left side of shirts.

④ **ア** Men and women are different, so it is only natural that buttons are different, too.

イ Emphasizing the difference between men and women was caused by buttons.

ウ The fashion of rich and famous people is often copied by ordinary people.

エ Buttons were invented when clothing was first mass-produced.

⑤ **ア** Whatever the reason, the position of buttons will probably not change soon.

イ Women are usually dressed by someone else, so they never have to bother with buttons.

ウ Men and women are now equal in all aspects except button position.

エ There is only one reason for the placement of buttons, but no one knows what it is.

① [   ]   ② [   ]   ③ [   ]   ④ [   ]   ⑤ [   ]

Air travel has come a long way since Wilbur and Orville Wright made their pioneering flight in 1903. In the 1920s airplanes were still small and fragile, so ①it took courage to fly them, especially over long distances. In the year 1927 a young American named Charles Lindbergh astonished the world by flying all by himself from New York
5 to Paris, France. To make the journey Lindbergh had to fly for thousands of miles over the stormy North Atlantic Ocean. He had to stay (　②　) and alert for thirty-three hours straight. Toward the end of the flight he was so sleepy that he had to pull his eyelids open with his fingers. ③With his little plane shaking in the wind, he flew around icebergs and through rain clouds. For part of the way he had to fly through
10 a thick fog that kept him from seeing where he was going; several times he nearly crashed into the ocean. You can see why after he landed safely in France, Lindbergh was given the name "Lucky Lindy"! After his return to the United States, Lindbergh was cheered as a national hero, and his plane — the Spirit of St. Louis — became the most famous aircraft in the world.

15 In the decade after Lindbergh's feat, a woman pilot named Amelia Earhart became as famous as Lindbergh. In 1932 she accomplished her own solo flight across the Atlantic, flying from Canada to Ireland. Later she became the first woman to fly solo from California to Hawaii. Finally, in 1937, Earhart attempted her greatest feat — to fly all the way around the world.

20 With a co-pilot she set off from California, flying east. She flew to Florida, then down to South America and across the Atlantic to Africa. From there, her route took her across the Middle East, and then on to India, Southeast Asia, and Australia. Everywhere she went she was greeted by people who admired her and were keeping track of her great adventure. But in July 1937, six weeks after Earhart set out, people
25 around the world were (　④　) to learn that her plane had disappeared somewhere in the South Pacific. Her last radio message said she was lost and running out of fuel. Earhart and her co-pilot had made it more than three quarters of the way around the world before they (　⑤　). To this day no one knows exactly what had happened to them.

[東北学院大−改]

■ notes
6. alert「用心して」 8. eyelid「まぶた」 11. crash「墜落する」 15. feat「偉業，功績」
20. co-pilot「副操縦士」 set off「出発する(= set out)」 23. keep track of ～「～を見失わない」
26. run out of ～「～が不足する」

(1) 下線部①はどういう理由からか。日本語で答えよ。(4点)

（空欄）

(2) 文中の（　②　）（　④　）（　⑤　）に入れるべき適当な語を，下の**ア〜キ**から選び，記号で答えよ。

(2点×3)

ア landed 　　**イ** disappeared 　　**ウ** asleep 　　**エ** awake

オ annoyed 　　**カ** saddened 　　**キ** set out

② （空欄）　　④ （空欄）　　⑤ （空欄）

☆ (3) 下線部③を日本語に訳せ。(6点)

（空欄）

(4) 次の①〜③の英文が本文の内容に合うように，本文中から最も適当な1語を選んで入れ，英文を完成させよ。(2点×3)

① It is more than 10 decades since mankind's first (　　　).

② Lindbergh was the first pilot to fly solo across the (　　　).

③ Earhart tried to fly around the (　　　) with a co-pilot in 1937.

① （空欄）　　② （空欄）　　③ （空欄）

☆ (5) 本文の内容と一致する文を次の**ア〜カ**の中から2つ選び，記号で答えよ。(6点×2)

ア リンドバーグは世界一周単独飛行を成功させた最初の人だ。

イ スピリット・オブ・セントルイス号は1927年に無事にパリに着陸した。

ウ リンドバーグは大西洋上を飛行中30時間以上も睡眠をとらなかった。

エ リンドバーグは大西洋横断中に数回海に着水した。

オ イヤハートは大西洋を単独横断飛行した最初のパイロットだ。

カ イヤハートは世界一周飛行をするときカリフォルニアからハワイへ飛んだ。

（空欄）

☆ (6) イヤハートが成功したことを次の**ア〜オ**の中から2つ選び，記号で答えよ。(6点×2)

ア Solo flight from New York to Paris

イ Solo flight across the Atlantic in 1932

ウ Solo flight from California to Hawaii

エ Co-flight around the world in 1927

オ Co-flight around the world in 1937

（空欄）

One of the interesting differences between America and Japan, it seems to me, is that family life is much more connected to social life in America than it is in Japan. Friends visit （　a　） houses far more often, they have many more parties at home, husbands and wives go to social meetings together, and wives engage in various social clubs and
5　charitable activities.

It is a common complaint among foreigners in Japan that they are seldom invited to their Japanese friends' homes. And on those ［　①　］ occasions when they are invited, they are seldom permitted to see the ［　②　］ house. They are usually shut up in the （　b　） drawing room for the evening. Americans (x)go to the opposite extremes and
10　show you the entire house, from the attic to the basement, often apologizing for any disorder that may be found along the way.

We can only imagine （　c　） the cause of this difference. As for the Americans, I suppose it is related to their genuine friendliness, their notorious frankness. But I am afraid it also shows (A)an excessive pride in their material possessions. Recently I
15　received two (B)photographs from friends in the States showing their ［　③　］ homes. In both cases there were no human beings in the pictures, only houses. The family car is also shown off to various visitors in this way, （　d　） other newly acquired possessions.

Again my Japanese friends seem to (Y)go to the opposite extremes. They seldom,
20　（　e　）, tell me they are building a new house, for example. I may find out about it （　f　）, or by seeing it with my ［　④　］ eyes. Cars and other possessions are seldom discussed. And (C)to my great surprise, an acquaintance of mine did not even tell me that he and his wife had a new baby. I found out about it sometime after the child was born.

25　This seems to me to be more than ［　⑤　］ modesty. Sometimes I suspect that it is an intentional effort to cause the greatest possible shock impression when the news is finally revealed. At the very least, it seems to me to be an excessive amount of secretiveness.

■ notes

5. charitable activity「慈善活動」　10. attic「屋根裏部屋」　basement「地下室」
13. notorious「悪名高い」　17. show off「～を見せびらかす」　22. acquaintance「知人，知り合い」
25. modesty「謙そん」　28. secretiveness「秘密主義」

(1) 空所(a)〜(f)に当てはまる語句を次の中から選び, 記号で答えよ。(同一の語句は1回しか使用してはならない。)(2点×6)

ア so-called　　イ as to　　ウ if ever
エ one another's　　オ along with　　カ by chance

(a) ☐　　(b) ☐　　(c) ☐　　(d) ☐　　(e) ☐　　(f) ☐

(2) 空所①〜⑤に当てはまる語を次の中から選び, 記号で答えよ。(同一の語は1回しか使用してはならない。)(2点×5)

ア new　　イ rare　　ウ simple　　エ whole　　オ own

① ☐　　② ☐　　③ ☐　　④ ☐　　⑤ ☐

(3) 次の問いに日本語で簡潔に答えよ。(4点×2)

① 筆者は, 日・米の興味深い違いの1つはどのように思えると言っているか。

☐

② 日本にいる外国人の共通した不満は何であると言っているか。

☐

(4) 下線部(A), (C)とほぼ同じ意味になるように, 次の英文の( )に適当な語を補え。(2点×2)

(A) that they are excessively (　　　)(　　　) their material possessions
(C) I (　　　) very (　　　) that

(A)	┆	(C)	┆

(5) 下線部(B)の語と同じ意味で使われている語を本文中より探して書け。(2点)

☐

(6) 下線部(X), (Y)の 'go to the opposite extremes' とはそれぞれどうすることか, 日本語で例をあげて示せ。(4点×2)

(X)	
(Y)	

Most people put one foot in front of （　①　） as a most basic way to get around, though feet also come in handy to kick a ball, ride a bicycle or dance — maybe even walk on a rope high in the air.

But in Asia, feet are far more than just the two parts that keep us upright and get us
5　from one place to another — they can lead people into culturally sensitive issues.

In India, （　②　）, touching another person's feet is perceived as a sign of respect for their knowledge and experience, usually reserved for family elders and teachers and parents.　Feet also play a prominent role in Indian wedding ceremonies.　During Hindu weddings in western India, the bride's parents wash the groom's feet.　③In
10　eastern India, the bride dips her feet in a mixture of milk and a red dye before entering the groom's house, leaving red footprints on the floor.　Hindu and Muslim women decorate their feet in preparation for weddings, and Hindu brides traditionally wear toe-rings after the wedding to signify their marital status.

In Thailand, it is the （　④　） — feet are considered fine for walking, but that's about
15　it.　It is （　⑤　） to point your feet at seniors or put your feet on a table or step on books, which has been a taboo in Thailand for a long time and still is.

Japanese people have traditionally taken off shoes at home.　Why?　Some experts say the use of tatami floor mats, regarded as valuable and sacred, is a major reason for the custom.　Others say it's mainly because of sanitation in a country （　⑥　） humidity is
20　relatively high and taking shoes off can help keep feet dry.

⑦China's modern-day interest in feet centers around massage.　Virtually every street in major Chinese cities boasts one or more foot-massage outlets, an industry that is increasingly popular due to the traditional Chinese belief in the healing qualities of a good foot rub.　Practitioners of Chinese traditional medicine say the foot has a
25　multitude of pressure points and that manipulating them — while loosening up those tired soles — promotes health in other parts of the body and helps prevent illness.

（注）toe-ring「足指にはめる指輪」　Chinese traditional medicine「漢方」

［追手門学院大-改］

■ notes
2. come in handy「役に立つ」　5. sensitive issue「微妙な問題」
8. play a ～ role in ...「…において～の役割を果たす」　prominent「重要な，目立った」
9. bride「花嫁」　groom「花婿」　13. marital status「婚姻状況」
14. That's about it.「それで終わりだ，まあそんなところだ」　15. step on ～「～を踏みつける，～を踏む」
19. sanitation「公衆衛生」　25. pressure point「つぼ，圧点」　manipulate「（筋肉などを）ほぐす」

(1) 空所①，②，④，⑤，⑥に入れるのに最も適当なものをア〜エの中からそれぞれ１つずつ選び，記号で答えよ。(2点×5)

	ア	イ	ウ	エ
①	another	others	the other	the others
②	for example	in addition	in short	that is
④	extreme	middle	opposite	same
⑤	good	disrespectful	important	necessary
⑥	where	that	what	which

① □ ② □ ④ □ ⑤ □ ⑥ □

☆ (2) 下線部③を日本語に直せ。(6点)

（記入欄）

(3) 下線部⑦で述べられている状況が生じる背景にある考え方を，本文に即して25字以内(句読点含む)の日本語で説明せよ。(6点)

（記入欄）

☆ (4) 次の各文のうち，本文の内容と一致するものにはTを，一致しないものにはFをつけよ。(6点×4)

ア アジアでは，足は文化による違いを超えて２つの地域を結びつけるのに役立つと考えられている。

イ インドの西部地方では，足には文化的な意味はなく，歩くための器官にすぎない。

ウ イスラム教やヒンドゥー教の女性は結婚式に備えて足を飾り立てる。

エ 日本人が家の中で靴を脱ぐのは，畳が貴重で神聖なものだとみなされているからだと言っている専門家もいる。

ア □ イ □ ウ □ エ □

When an American gives a talk before an audience, he often begins with a joke. This is true whether the audience is large or small, and whether the occasion is formal or informal. A joke at the beginning of a speech is called an ice-breaker.

What is the idea behind the ice-breaker? Before a speaker begins his talk, a cold
5　relationship exists between himself and his audience. They are strangers to each other. This is not comfortable. The speaker wants to create a warm relationship with his audience, so he offers a joke. The audience responds with laughter. Then both sides feel that they have shared an experience. The "ice" is ▭ A ▭ between the speaker and audience. A good ice-breaker is not just a funny joke. It should have some connection
10　with the topic of the speech.

There are some common types of beginnings for ice-breakers. For example, a speaker may say, "A funny thing happened to me on the way to this meeting ..." and then ①go on to make a joke about something ▭ B ▭ to the topic. Another common opening line is "When I was asked to talk about this subject, it reminded me of the
15　story of the three salesmen who ..." If you hear these or similar statements, you can be sure that ②what follows is intended to be a joke.

Naturally, not every speaker has a talent for creating jokes. But the ice-breaker is very important, so many speakers rely on books of jokes ▭ C ▭ especially to be ice-breakers. After the ice-breaker, some speakers will become serious for the rest of
20　their speech. But ③that is not true in every case. Many speakers feel that humor is a highly effective way to keep the audience interested. They also believe that it helps the audience to remember the content of the speech.

A special kind of public talk is the debate. In a debate, two sides of a question are ▭ D ▭ before an audience. For example, a debate might be held on the question,
25　"Should there be a single world government?" The debaters may be two individuals or two teams. But ④in any case, nearly all debaters use humor. Humor is ▭ E ▭ in debates as a weapon to ridicule ⑤the other side. If the logic of the other side is weak, humor can enlarge that weakness, and make it apparent to the audience. But most important, humor makes the speaker in debate and in every other setting seem more
30　human, more familiar, and more warm-hearted than a speaker who deals only with facts.

■ notes

7. respond with ～「～で反応する」　21. effective「効果的な」　23. debate「ディベート，討論」
27. ridicule「～をあざける，嘲笑する」

(1) 空所 A ～ E に入れるのに最も適当な語をア〜オから選べ。(2点×5)

　ア argued　　イ broken　　ウ written　　エ used　　オ related

A ☐　　B ☐　　C ☐　　D ☐　　E ☐

(2) 下線部①〜⑤の内容や意味について，最も適当なものをア〜エから選べ。(2点×5)

① go on
　ア proceed　　イ behave　　ウ happen　　エ talk a great deal

② what follows
　ア 当然のことながら　　イ 頼りになるのは　　ウ 何が起こるかは　　エ 次にくるのは

③ that is not true in every case
　ア それはとにかく事実と違う。
　イ それはどんな事件でも事実とは言えない。
　ウ それはどのような事例においても真実ではない。
　エ それはどんな場合にも当てはまるわけではない。

④ in any case
　ア anyhow　　イ however　　ウ by all means　　エ by the way

⑤ the other side
　ア 向かい側　　イ もう一方の側面　　ウ 相手　　エ そのほかの人

① ☐　　② ☐　　③ ☐　　④ ☐　　⑤ ☐

☆ (3) 次の日本文について，本文の内容と一致するものには１，そうでないものには２，本文には述べられておらずどちらとも言えないものには３を記入せよ。(6点×5)

①　アメリカ人はしばしばジョークでスピーチを始める。
②　話し手はみな生まれつきジョークの才能がある。
③　すばらしいジョークをしゃべる話し手はたくさんのお金を支払われるべきだ。
④　話し手の中には「アイスブレーカー」としてのみジョークを言う人がいる。
⑤　多くの話し手はユーモアが聴き手に興味を持続させると感じている。

① ☐　　② ☐　　③ ☐　　④ ☐　　⑤ ☐

Human beings are the highest product of evolution.　Human intelligence is far superior to that of any other organism.　In structure, the human body is closely related to (1)(　　　　) of the chimpanzees, gorillas, orangutans, and gibbons.　But this does not mean that human beings evolved from any of these apes.

5　From their study of fossils, scientists think that ancient humans and apes had common ancestors millions of years ago.　Apes and humans evolved in different directions and became adapted to different ways of life.

More fossils of early human beings are being discovered each year, and accurate ways of (2)(　　　　) them are being developed.　But scientists still do not know the
10　complete story of human evolution.

In Africa, scientists have discovered human fossils that are believed to be more than 2,000,000 years old.　Among some of these fossils, simple tools have been found.　Thus scientists know that those prehistoric people could make tools.　They no doubt were able to show their children how to make tools and how to use them.

15　The bodies and brains of early human beings slowly evolved.　They made better tools and weapons and became skillful (3)(　　　　).　Gradually they learned to talk with one another.　They discovered fire and learned how to make it.

Human beings have had their "modern" form for about 100,000 years.　If some of the first "modern" human beings were dressed in modern clothes, (4)(　　　　) on the
20　street.　But the Neanderthal humans, who had developed in a parallel line, became extinct about 30,000 years ago.　They apparently could not compete successfully with the direct ancestors of modern humans.

For thousands of years, people lived in caves, on open plains, and in jungles. Gradually they began to train animals and grow plants for their own use.　In time, they
25　began to keep records of their history.　They are the first and only beings to seek out their own evolutional history.

（注）gibbon「テナガザル」　fossil「化石」

■ notes

1. human beings「人類」　evolution「進化」　2. organism「生物」　4. ape「類人猿」
13. prehistoric「有史以前の」　16. weapon「武器」　gradually「徐々に」　20. in a parallel line「同様に」

(1) 下線部(1)に入れる最も適切なものを次のア〜エから選べ。(2点)

ア any　イ one　ウ that　エ those

(2) 下線部(2)に入れる最も適切なものを次のア〜エから選べ。(2点)

ア dating　イ guessing　ウ knowing　エ recording

(3) 下線部(3)に入れる最も適切なものを次のア〜エから選べ。(2点)

ア farmers　イ fighters　ウ hunters　エ speakers

(4) 下線部(4)に入れる最も適切なものを次のア〜エから選べ。(4点)

ア you might not miss them

イ you should not pass them

ウ you would not notice them

エ you could not fail them

☆ (5) 次の各文のうち, 本文の趣旨に合うものはT, 合わないものはFと答えよ。(6点×5)

① 人類の進化についてはまだ完全にわかっていないが, 骨格から見て類人猿が人類の祖先であると信じる人もいる。

② 類人猿と人類の祖先は同じであるが, 進化の方向が異なり, 違う生活様式をとるようになったのである。

③ 有史以前の人類は道具を使うことができたが, 言葉を持っていなかったので子孫にその使い方を伝えられなかった。

④ ネアンデルタール人は他の人類と同じような進化をしなかったので約3万年前に滅びた。

⑤ 原始人の体や頭脳の発達は遅かったので, 言葉を使って互いに意思疎通ができるようになるまで約10万年かかった。

①　　②　　③　　④　　⑤

The harmony of the group is vitally important in Japanese society. People often think and behave as a group, and what benefits the group is mostly regarded as the correct thing to do. ①As a result, an individual who is a member of the group cannot help conforming to the group's aims, a sense of values, customs, and so on. In public,

5　they try to maintain an attitude of support toward the group, even if their own personal ideas (A)are at odds with group values, a typical example of "honne" and "tatemae" in Japan.

Needless to say, loyalty to the group creates a strong feeling of (B)solidarity, which can work for good or bad. For example, such feelings can sometimes make people

10　more cooperative in the group; on the other hand, it is sometimes responsible for the entire group committing crimes because it is more important for members to follow group values and protect themselves than to stand up and (C)oppose wrongdoing. In fact, group members run the risk of being excluded (　a　) they ignore the rules or disturb group order. As the proverb says, "The nail that stands up will be pounded

15　down."

Individuals within the same group have a tendency to act in a similar way, partly because doing the same thing makes people feel relaxed, but it also helps in protecting themselves from being banished from the group. However, such group protection also causes individuals to refrain from becoming independent and there are many examples

20　of groupism working (　b　). As noted by Edwin Reischauer, during World War Ⅱ the Japanese people were forced to obey the military absolutely, and as a consequence, in the end, both within Japan and in other countries, many helpless civilians were brutally dragged into armed conflicts. On the other hand, ②one cannot overlook the fact that groupism has contributed greatly to the postwar economic growth of Japan. It

25　would have been impossible to reorganize society and reconstruct the economy quite so quickly if it had not been (　c　) the strong group consciousness of the Japanese people.

[東邦大-改]

■ notes

1. vitally「きわめて重大に」　2. benefit「〜のためになる」　8. needless to say「言うまでもなく」
loyalty「忠義，忠実」　11. commit a crime「罪を犯す」　13. run the risk of 〜「〜の危険を冒す」
ignore「〜を無視する」　14. pound「〜を打つ，打ち砕く」　18. banish「〜を追放する」
21. as a consequence「結果として」　22. civilian「一般市民」　23. brutally「残忍に」　conflict「衝突」

(1) 下線部(A)〜(C)の言いかえとして最も適当なものを選び，その記号を書け。(2点×3)

   (A) are at odds with

      ア are indifferent to   イ do not match

      ウ do not afford   エ are dependent on

   (B) solidarity

      ア unity   イ responsibility   ウ maturity   エ ability

   (C) oppose

      ア object to   イ refer to   ウ agree with   エ admit of

      (A) ☐   (B) ☐   (C) ☐

(2) (a)〜(c)に入る語として最も適当なものを選び，その記号を書け。(2点×3)

   (a) ア since   イ though   ウ if   エ but

   (b) ア negatively   イ comfortably

      ウ favorably   エ consequently

   (c) ア for   イ to   ウ of   エ as

      (a) ☐   (b) ☐   (c) ☐

☆ (3) 下線部①，②を和訳せよ。(6点×2)

①	
②	

☆ (4) 本文の内容と一致する文を2つ選び，その記号を書け。(6点×2)

   ア 個人の考えが集団の価値観と違った場合，多くの日本人は自己主張する。

   イ 同じ集団に属する個人は同じような行動をとる傾向にある。

   ウ 日本人は，他人とは違った個性的な行動をしていると落ち着く。

   エ 第二次世界大戦中，日本人は軍隊への絶対的な服従を強いられた。

   オ 第二次世界大戦中，外国での武力衝突に日本人が巻き込まれることはなかった。

   カ 日本人に強い集団意識があったら，戦後の復興はもっと遅れただろう。

      ☐ ☐

31

In the early 1940s, on the night of her graduation party, a high school girl named Doris Van Kappelhoff was involved in a serious car accident. She had planned to go to Hollywood to become a dancer in films, but (1)〔（　　　　）（　　　　）（　　　　）（　　　　） no（　　　　）（　　　　）〕. During her long recovery at home, Doris began to sing along
5 （　2　）the female vocalists on the radio. Her（　3　）became so well trained that she was hired to sing in a band, and soon thereafter, she found parts in movies, changing her name to Doris Day. (4)Her original plans were destroyed by a tragic event, but thereby she found her true (5)calling. Things don't always go according to our plans, but a change of plans may be an example of coincidental circumstances that
10 lead us to a fulfilling life, unguessed and unsought — a blessing from God.

　　We make plans expecting to be in control of what will happen. Perhaps we fear natural happenings, things turning out contrary to our wishes. The course of life is challenging if we are concerned（　6　）trying to control it. We may act with precision, and self-discipline, expecting the world to do the same and give us what we
15 want, but (7)that is rarely the case.

　　Perfect discipline, or perfect control, is the most certain way to miss out on the joy of life. The unexpectedness of life means that we are free not to plan perfectly. We can flow into the natural chaos of life, so untidy, so unpredictable, or we can try to order life fully by making careful plans. But as Robert Burns says, "(8)The best-prepared schemes
20 often go wrong and leave us nothing but grief and pain for promised joy."

　　（　　　9　　　）Perhaps we believe the universe has a plan that more accurately reflects our emerging destiny.

［東京電機大-改］

(1) 下線部(1)が「けがのために，彼女のそうした未来は不可能になった」という意味になるように，ア
　～カを並べかえて英文を完成し，並べかえた部分を記号で答えよ。(4点)

ア her injuries　　イ future　　ウ made　　エ possible　　オ that　　カ longer

■ notes
2. be involved in ～「～に巻き込まれる」　5. trained「訓練された」　6. hire「～を雇う」　7. tragic「悲劇的な」
9. coincidental「偶然に一致した」　circumstance「巡り合わせ」　10. fulfilling「満足のいく，充実した」
12. turn out「～の結果になる」　contrary to ～「～に反対の」　13. challenging「骨の折れる，きつい」
14. self-discipline「自制，自己訓練」　15. the case「真相，事実」
16. miss out on ～「～を逃す，～を逸する」　17. unexpectedness「思いもよらないこと，予期しえないこと」
18. chaos「混沌，無秩序」　unpredictable「予測できない」　22. emerging「新たに出現する」　destiny「運命」

32

(2) 空所(2)と(6)に共通に入るものをア〜エの中から1つ選び，記号で答えよ。(2点)

    ア with　　イ about　　ウ in　　エ to

(3) 空所(3)に入れるのに最も適当なものをア〜エの中から1つ選び，記号で答えよ。(2点)

    ア language ability　　イ mind　　ウ muscle　　エ voice

(4) 下線部(4)の具体的な内容を，25字以内(句読点含む)の日本語で説明せよ。(4点)

(5) 下線部(5)と同じ意味の語をア〜エの中から1つ選び，記号で答えよ。(2点)

    ア phone　　イ career　　ウ friend　　エ shout

(6) 下線部(7)の指す内容を，40字程度(句読点含む)の日本語で説明せよ。(6点)

☆ (7) 下線部(8)を日本語に直せ。(6点)

(8) 空所(9)に入れるべき文がA〜Cに示されている。論理的な文章にするのに最も適当な配列の
ものをア〜エの中から1つ選び，記号で答えよ。(6点)

    A．However, life often does not proceed according to our plans.

    B．This does not have to leave us disappointed.

    C．Making plans is an adult occupation, a feature of a healthy ego.

    ア A−B−C　　イ B−C−A　　ウ C−B−A　　エ C−A−B

☆ (9) 次の各文のうち，本文の内容と一致するものにはTを，一致しないものにはFをつけよ。(6点×3)

    ア Doris Van Kappelhoff was seriously injured in a car accident soon after she became a singer.

    イ The name Doris Day was Doris Van Kappelhoff's stage name.

    ウ In order to get the joy of life, we should have perfect self-discipline.

    ア　　　　　イ　　　　　ウ

　　Over the last 60 or 70 years, consumerism has been a trend in developed countries. People buy things they do not need, and they replace things before they wear out. We used to repair things when they were broken, but today we throw out old things and replace them with new models. Indeed, many of the things we use cannot be repaired.

5　Once, products were made to last for many years. Now, they are designed to last only a few years.

　　Advertising supports this behavior of buying things that we do not really need. ①Advertisements（or ads）make us notice products and brands by having them repeatedly appear in our lives, especially on television. The advertising industry tells

10　us that to be happy we need this or that product in our lives. It does this with images that connect the product to happy, successful, or beautiful people. We assume that to be successful or happy, we must buy the product or brand or we must wear the same designer label as the beautiful, successful people in the advertisement.

　　The negative results of this consumerism are easy to see. As people spend more and

15　more of their income on things they do not need, they have to work more to pay for them. ②This prevents people from spending time with their family or spending money on education or healthy food. In America today, there are more shopping centers than high schools, and parents spend about six hours per week shopping but only 40 minutes playing with their children.

20　Another negative result is that we become more tolerant of lies and half-truths. To increase profits and stock prices, companies make many false claims about their products. Can we really lose weight simply by taking a pill, without dieting or exercising?

　　People also warn us of the negative effects of consumerism on the environment. We

25　use energy to produce these unnecessary goods, and that energy use puts more CO_2 into the air and causes climate change. When we throw away goods, they are either burned or buried, again causing damage to the environment.

　　Advertisers say that all they do is inform us. But in reality they have tricked us into working longer hours, buying stuff we do not need, and thinking we need their

30　products to impress others.

[近畿大-改]

(1) 下線部①の内容として最も適当なものを，**ア～エ**から１つ選べ。(5点)

ア Advertisers frequently make new products and brands to get us to realize their importance.

イ Advertisers use the quality of advertisements rather than frequency to make people notice products and brands.

ウ We pay less attention to advertisements because they are so common in our daily lives.

エ We recognize products and brands as advertisements show them on numerous occasions in our lives.

☆ (2) 下線部②を和訳せよ。(6点)

☆ (3) 本文の内容と合うものを，**ア～キ**から２つ選べ。(6点×2)

ア Whereas products used to last very long, the new trend is for them to be repairable.

イ It is hard for us to detect the adverse consequences of consumerism.

ウ Being unable to purchase healthy food is not a consequence of consumerism.

エ American parents spend much less time playing with their children than they do shopping.

オ Companies give priority to providing accurate information over making money and increasing the value of their shares.

カ According to people who work in advertising, they just offer consumers information.

キ In order to impress the market, companies try to convince consumers that their products are not indispensable.

■ **notes**

1. consumerism「(大量)消費主義」 2. wear out「～を使い切る」
3. throw out「～を捨てる(= throw away)」 5. last「(ものが)長もちする」 7. advertise「宣伝[広告]する」
8. advertisement「宣伝」 11. assume「～と思い込む」 15. income「所得，収入」
16. prevent O from *do*ing「(主語が原因で) O は～できない」 20. tolerant「寛容な」
half-truth「半端な真実，ごまかし」 21. profit「利益」 stock price「株価」
make a false claim「虚偽の主張をする」 24. warn O of ～「O に～を警告する」 27. bury「～を埋める」
28. trick O into *do*ing「O をだまして～させる」 30. impress「～によい印象を与える」

17 ［科学 ③］
人工の雨を降らせた男

時間 40分
合格 39点
得点
/56点

月　日
解答 ▶ 別冊p.15

Can a person make it rain? Many people believed that Charles Hatfield could. In the early 1900s, Hatfield traveled through the United States, Canada, and Mexico bringing rain to farms and cities that suffered from drought. For 30 years, people considered him the greatest rainmaker in North America. ①In order to make it rain, he used a secret mixture of chemicals that he placed high on wooden towers in special trays. As the chemicals evaporated, they （　A　） rain clouds to the area. Over his career, Hatfield even offered to help clear the fog from London and to water the Sahara Desert.

One of Hatfield's most amazing rainmaking accomplishments happened in southern California in 1916. Because he knew that the city of San Diego did not have enough water, Hatfield offered to give the city a hand with its water problem. He planned to create enough rain to （　B　） the lake behind Morena Dam near the city. Since the time the dam was built, the lake had never been more than half full, but the lake could hold 57 billion liters of water if it were full. Filling the lake would help the city of San Diego with its constant water problems. Hatfield suggested that if he succeeded in filling the lake with rainwater, the city would pay him $10,000. If no rain fell, the city would pay （　C　）. The city agreed because they had nothing to lose from the business deal, and only paying $10,000 for that much water seemed to be a ②steal.

On January 1, 1916, Hatfield began his rainmaking procedure. It began to rain four days later. The rain continued for the next five days. On January 10, it began to rain more heavily, and the rain continued for the next 10 days! The city of San Diego was （　D　）. Fifty people died. More than 200 bridges were washed away, and many miles of train tracks were destroyed. However, Hatfield did succeed in filling the lake. The water was within 12 centimeters of the （　E　） of the dam. Hatfield thought that he had completed his job, so he went to collect his money from the city. However, the city of San Diego backed out of the deal. They said that the rain was an "③act of God" and not the work of the rainmaker. Hatfield tried to sue the city, but he never collected any money for his work.

■ notes

3. drought「干ばつ」 6. career「経歴，キャリア」 8. accomplishment「業績」
10. give ～ a hand with ...「～の…を手助けする」 14. suggest「～を提案する」 17. deal「取り引き」
18. procedure「手続き」 25. back out of ～「～を破棄する，取り消す」 26. sue「～を訴える」

(1) (A)〜(E)に最も適切なものを1つずつ選び，記号を書け。(2点×5)

- (A) ア attracted　　イ finished　　ウ lost　　エ suffered
- (B) ア buy　　イ drink　　ウ fill　　エ swim
- (C) ア $100,000　　イ attention　　ウ everything　　エ nothing
- (D) ア built　　イ burned　　ウ crowded　　エ flooded
- (E) ア bottom　　イ length　　ウ top　　エ wall

(A) ☐　　(B) ☐　　(C) ☐　　(D) ☐　　(E) ☐

☆ (2) 下線部①を和訳せよ。(6点)

☐

(3) 下線部②，③の意味に最も近いものをア〜エの中から選び，記号を書け。(2点×2)

- ② ア 強盗　　イ 楽勝　　ウ ばくち　　エ 大もうけ
- ③ ア 自然現象　　イ 自業自得　　ウ 全知全能　　エ 人的災害

② ☐　　③ ☐

☆ (4) 本文の内容と合っているものには○を，違っているものには×を，本文の内容からは判断できないものには△をそれぞれ書け。(6点×5)

① Hatfield thought he had created enough rain to fill the lake behind the Morena Dam.

② Hatfield once made it rain in the Sahara Desert.

③ Hatfield wanted to help the city of San Diego with its water problem.

④ In January of 1916, it rained more than 20 days through Hatfield's rainmaking.

⑤ The city of San Diego turned down the offer from Hatfield after all.

① ☐　　② ☐　　③ ☐　　④ ☐　　⑤ ☐

(5) この英文のタイトルとして最も適切なものをア〜エの中から選び，記号を書け。(6点)

- ア How Can We Make It Rain?
- イ The Amazing Rainmaker
- ウ The Life of Charles Hatfield
- エ The Science of Rainmaking

☐

(1)Two widely held misconceptions about education in American public schools are most directly at odds with the available evidence. Many people have come to accept in America that inadequately funded children and public schools will perform poorly. There is some truth to these misconceptions, (　2　) even educators who have
5　trained to communicate ideas could miss opportunities to adopt good education policies because of popular misunderstanding. So what is the truth about these problems?

　　Let's start with the children. [　　A　　], is it really true that a social problem like poverty can cause poor students to fail? Are schools really helpless to prevent it? (3)There is no doubt that poverty and other social problems raise significant challenges,
10　but these challenges are not impossible to manage. According to researchers, high-quality preschool programs can produce significantly good outcomes for students (　4　) such social problems. Students who received the preschool program performed better in school than those students that attended no preschool. They were also more likely to graduate from high school, were more likely to be employed,
15　and were less likely to go to jail. Thus high-quality early instruction is an example of education policy shown to produce positive results in spite of a social problem like poverty.

　　Another misconception is about money. Is it really (5)the case that schools perform poorly because they lack money? While adequate funding is a necessary condition for
20　school success, it is far from sufficient by itself. There are other factors that contribute to school performance. Institutional incentives are one example. If schools are not rewarded for performing well, they have little incentive to succeed regardless of how much money they have available. [　　B　　], even if schools are offered a lot of financial aid, it turns out that a great improvement in students' performance is difficult
25　to expect immediately. It takes time.

　　In sum, even today, misconceptions such as poor children cannot succeed without proper funding, and underperforming schools succeed only if we give them more funding, (6)continue to exist. The persistence of such misconceptions leads to the belief that in the field of education, social and financial problems are very difficult to
30　overcome. However, if we reconsider the common misunderstanding well, an idea of good education policies begins to come to our mind.

[関西学院大-改]

(1) 下線部(1)について，その具体的な内容を日本語で説明せよ。(6点)

```
┌─────────────────────────────────────────────┐
│                                             │
│ ─ ─ ─ ─ ─ ─ ─ ─ ─ ─ ─ ─ ─ ─ ─ ─ ─ ─ ─ ─ ─  │
│                                             │
└─────────────────────────────────────────────┘
```

(2) 空所（ 2 ）に入れるのに最も適当なものを**ア～エ**の中から1つ選び，記号で答えよ。(2点)

 ア and **イ** but **ウ** for **エ** or

(3) 空所 A ～ B に入れるのに最も適当なものを**ア～エ**の中からそれぞれ1つずつ選び，記号で答えよ。同一のものは1回しか使用してはならない。(2点× 2)

 ア Besides **イ** For example **ウ** However **エ** In short

              A   B

☆ (4) 下線部(3)を日本語に直せ。(6点)

```
┌─────────────────────────────────────────────┐
│                                             │
│ ─ ─ ─ ─ ─ ─ ─ ─ ─ ─ ─ ─ ─ ─ ─ ─ ─ ─ ─ ─ ─  │
│                                             │
└─────────────────────────────────────────────┘
```

(5) 空所（ 4 ）に入れるのに最も適当なものを**ア～エ**の中から1つ選び，記号で答えよ。(2点)

 ア face **イ** facing **ウ** faced **エ** face with

(6) 下線部(5)の意味として最も適当なものを**ア～エ**の中から1つ選び，記号で答えよ。(2点)

 ア 真相 **イ** 場合 **ウ** 箱 **エ** 事件

(7) 下線部(6)の主語を1語で書け。(4点)

☆ (8) 本文の内容と一致する文を次の**ア～ウ**の中から1つ選び，記号で答えよ。(6点)

 ア 就学前プログラムを受けると就学後の成績がふるわないという結果が示されている。

 イ 就学前プログラムを受けると，成長してから犯罪を犯す可能性は低いが，就職できない可能性が高くなる。

 ウ 十分な成果を挙げた学校に報いるための制度的な動機づけは，学校が成功するための一つの要因である。

■ notes

1. misconception「誤解」　2. at odds with ～「～と食い違って」　11. preschool「就学前の」
outcome「結果，成果」　15. instruction「教育」　19. necessary condition「必要条件」
21. institutional「制度上の，制度的」　incentive「動機づけ，刺激」
25. take time「時間がかかる」　28. persistence「持続，続くこと」
30. overcome「～を克服する」　reconsider「～を再考する，～を考え直す」

　　Some time ago I talked to a friend of mine who, like myself, had for years been teaching an evening class in writing.　Being ①competitors, we decided to compare notes on our experiences.

　　"What's your main problem?" I asked him.　"My main problem," he said, "is always
5　the same.　I'm at a loss.　During the whole period of the course, I spend every weekend buried under a mountain of papers.　(a)It's an unpleasant task."

　　Nothing could have surprised me more.　Not only were my weekends happily ②free of papers to correct, but on the（　③　）I always had just the opposite trouble: I could never manage to get my students to write enough.　They just didn't produce.　I
10　tried this and that, I begged, I implored them —（　④　）.　I had long ago come to the conclusion that the average student would do anything rather than write.

　　What was the explanation for this enormous difference between our two writing courses?　Obviously this: My friend taught creative-writing and I taught the other, practical kind.　People who take creative-writing courses have an urge to write, people
15　who take practical-writing courses have a writing phobia — *phobia* is defined in a dictionary as "an excessive, and persistent fear of some particular thing or situation."

　　Naturally, there are exceptions to this basic rule.　About once every year, there appeared among my students a specimen of the "creative" type and I was handed long, wordy slices of ⑤autobiography, fictionalized experiences, and essays on philosophical
20　themes.

■ notes

5. at a loss「困って」　8. opposite「真逆の」　10. implore「嘆願する」　13. creative-writing「創作的な作文」
15. practical-writing「実務的な作文」　18. specimen「見本」　19. philosophical theme「哲学的なテーマ」

(1) 下線部①とほぼ同じ意味の語または語句を選び，記号で答えよ。(2点)

ア old teachers イ companions ウ schoolmates
エ intimate friends オ rivals

(2) free が，下線部②とほぼ同じ意味の使い方をされている文を選び，記号で答えよ。(2点)

ア She was free from care.
イ Are you free this evening?
ウ He is of a free and open nature.
エ You are free to go or stay as you please.
オ The boat was free of the harbor.

(3) 文の前後の内容から判断して，空所③に入る適切な語を選び，記号で答えよ。(2点)

ア whole イ contrary ウ point エ other オ subject

(4) 文の前後の内容から判断して，空所④に入る適切な文を選び，記号で答えよ。(4点)

ア it was not a failure イ it was too late
ウ it was no use エ it was a question of time
オ it was useful

(5) 下線部⑤の意味を適切に説明したものを選び，記号で答えよ。(2点)

ア the story of the life of an individual written by another
イ the art of profession of writing, acting, or producing plays
ウ the story of one's own life written by oneself
エ a person who writes or expresses himself with imaginative power
オ anything made up or imagined, as a statement or a story

☆ (6) It が何を指しているか，具体的にわかるように，下線部(a)を和訳せよ。(4点)

English is used a lot in Japan, and that's a good thing for people who are learning the language. Sometimes you can learn new words and phrases. But there are times when the words or phrases are not used correctly; these are things that I call Japanese English. Let's spend this month looking at a few of them.

5　Convenience stores have become part of Japanese society. It's very convenient to be able to go to a store and buy almost anything you need day or night. However I should warn you, they are not very good places to learn English. (　　　　), there's a sign next to the cash register in a convenience store near my house that says, ①WE CANNOT CHANGE. Whenever I see it I say to myself, "Gee, that's too bad, I'm sorry to hear

10　that." After all, everybody changes. It's part of life. (A)When I compare myself as a teenager to me today, I have changed. I have changed a lot. Some of it was good and some wasn't, but I have definitely changed.

I know that this is not the meaning the store intends but that's what it says. I (B)suppose the biggest problem with it is that there's no object after change. The sign

15　would be closer to being correct if it said, "②WE CANNOT CHANGE MONEY," but there's still a problem with this. This (C)sounds like what you might do at a bank, changing yen into dollars, euros or something like that. I'm (D)sure they don't do (E)this at a convenience store, but I still don't think it's exactly correct.

I think the store is refusing to "make change" for people. Change is a verb but it also

20　has a noun form. One of the meanings of the noun is "small paper money or coins." If you have a thousand-yen bill and want ten one-hundred yen coins, you want the store to make change for you. The sign could read "We cannot make change" and I think it would be almost perfect. The store could (F)do it if they wanted to, I'm sure they have enough small change, but they don't want to. Here's the perfect sign, ③WE DO NOT

25　MAKE CHANGE.

It's always a good idea to have some (G)change in your pocket. If you want change from a convenience store, you'll have to buy something to get it. See you next time. Bye!

■ notes

8. cash register「レジ(機)」　9. gee「おやまあ」　12. definitely「確かに，明確に」　14. object「目的語」
17. euro「ユーロ(EUの通貨)」　19. refuse「～を断る」　verb「動詞」　20. noun「名詞」

(1) （　）に入れるべき最も適当な語句を**ア〜エ**の中から１つ選び，記号を書け。(2点)

 ア For example   **イ** In addition
 ウ As a result   **エ** On the other hand

☆ (2) 下線部(A)を和訳せよ。(6点)

(3) 下線部(B)〜(D)の意味に近いものを選び，記号を書け。(2点×3)

 (B) **ア** expect   **イ** think   **ウ** wish   **エ** wonder
 (C) **ア** announces   **イ** hears   **ウ** seems   **エ** voices
 (D) **ア** certain   **イ** disappointed   **ウ** pleased   **エ** surprised

             (B)   (C)   (D)

(4) 下線部(E)の this とは具体的に何のことか。日本語で答えよ。(4点)

☆ (5) 本文中の次の３つの表現，①WE CANNOT CHANGE，②WE CANNOT CHANGE MONEY，
   ③WE DO NOT MAKE CHANGE に関する記述として正しいものを**ア〜キ**より４つ選び，記号を書け。

                      (6点×4)

 ア ①は「私たちは成長できない」という意味である。
 イ ①には「私は性格を変えられない」という意味もある。
 ウ ②は「両替お断り」という意味で使うのに適している。
 エ ②は「通貨の交換はしない」という意味である。
 オ ②は銀行で見かける可能性のある表現である。
 カ ③は「両替お断り」という意味で使うのに最も適している。
 キ ③には「商品の取り替えはしない」という意味もある。

(6) 下線部(F) do it が指すものを２語の英語で答えよ。(4点)

(7) 下線部(G) change の意味として最も適当なものを**ア〜エ**から選び，記号を書け。(2点)

 ア 交換   **イ** 小銭   **ウ** おつり   **エ** 両替

"Mr. Watson, come here. I want you." Alexander Graham Bell spoke these seven ordinary words to his assistant, Thomas Watson. These words become extraordinary, however, when you realize that they were the first words Bell spoke over his new invention, the telephone. On March 10, 1876, the first "emergency call" occurred when
5 Bell spilled some acid on his clothing, and Watson heard his call for help through the wires of the new invention. On that day, neither man had any idea of the impact this invention would have on the United States and the world.

(a), Bell didn't plan to invent the telephone. He was trying to develop a telegraph that could send several messages over the same wire simultaneously. As
10 he worked, he discovered that a wire could transmit sound, and the idea for the telephone was born. Shortly after that, Bell built and patented the first telephone. Telephones soon started to appear everywhere. By the 1890s, many Americans had telephones at home. Later, coin-operated pay telephones were put in public places. Once the telephone linked cities, it wasn't long before it also linked countries. In 1955
15 a transatlantic cable allowed North Americans to talk to people in Europe. Then, in the 1960s, communications satellites enabled people to talk to others almost anywhere in the world.

Mobile, or portable, phones marked the next step in the telephone's evolution. They first appeared in the 1920s in New York City police cars. (b) these phones
20 were portable, they were too big and only worked in small areas, so the public wasn't interested. In 1978 the invention of the cell phone, small enough to fit in a pocket or purse, changed public opinion. By 1981, cell phones were used throughout the country. Today, children use cell phones to stay in touch with their parents; business people use cell phones to contact their offices and clients; and most importantly, drivers
25 and others use cell phones to make emergency calls, sometimes saving a life. (c), scientists at Bell Labs in New Jersey have made a small change in cell phone design that will save even more lives. Their new phone can monitor, or check, a person's pulse and breathing rate, even when the phone is turned off. Emergency workers will be able to use the signal from a cell phone to locate people and then help them during
30 earthquakes or other disasters.

As with any invention, the telephone has created some problems. Phone calls often interrupt time with family and friends. Telemarketers make unwanted calls to people at home, hoping to convince them to buy their products. The portability of cell phones has created another problem: Many people expect their co-workers or employees to be
35 available at any time, no matter where they are. This makes it hard to enjoy time away from work. One other problem is that people use cell phones while simultaneously

doing other things, such as driving. This can be very dangerous. For the most part, however, the telephone has been a boon to a country with over 290 million people. It has allowed families to stay in touch despite the separation of many miles; it has helped businesses reach more customers; it has saved millions of lives with emergency calls 40 to police, fire fighters, and paramedics; and it has enabled people to reach out to each other, friend to friend, and say, "Come here. I need you."

(Lori Howard, *Read and Reflect 2*)

(注) wire「電（話）線」 telegraph「電信」 simultaneously「同時に」 patent「〜の特許権をとる」
transatlantic「大西洋を横断する」

[佛教大-改]

(1) 空所(a)〜(c)に入れるのに最も適当なものを，ア〜エから１つ選べ。(2点×3)

(a) ア Unfortunately　　イ Actually　　ウ For example　　エ After all

(b) ア Even though　　イ Ever since　　ウ As if　　エ By the time

(c) ア However　　イ Thus　　ウ Instead　　エ Therefore

(a) ☐　　(b) ☐　　(c) ☐

☆ (2) 本文の内容に一致するものを，次のア〜エから１つ選べ。(6点)

ア As a whole, it can be said that cell phones do us more harm than good.

イ A problem with cell phones is that they can prevent people from relaxing.

ウ Cell phones are convenient in that we can use them safely while doing other things.

エ Some companies use cell phones to cheat consumers into buying their products.

☐

☆ (3) 次の各文が本文の内容と一致するように，空所に入れるのに最も適当なものを，それぞれア〜エから１つずつ選べ。(6点×2)

① When Bell called Watson for the first time, (　　　).

ア they were sure that Bell had made a great invention

イ Watson was not as excited as Bell expected him to be

ウ he wanted Watson to complete his chemical experiment

エ they never expected that the telephone would become such an important device

☐

② The new cell phone made by scientists at Bell Labs in New Jersey (　　　).

ア is useful even when it is switched off

イ is intended for police officers on patrol

ウ is easy to use when making emergency calls

エ has a bigger monitor display on it than the old model

☐

■ notes

2. extraordinary「特別な」　10. transmit「〜を伝える」　13. coin-operated「硬貨投入式の」
14. it is not long before 〜「すぐに〜」　16. communications satellite「通信衛星」　18. evolution「進化」
23. stay in touch「連絡を取り合う」　28. pulse「脈（拍）」 breathing rate「呼吸頻度」
29. locate「〜を探す」　32. interrupt「〜を遮る」 telemarketer「電話勧誘業者」　38. boon「恩恵」
41. paramedic「救急医療隊員」

Whether work should be placed among the causes of happiness may perhaps be regarded as a doubtful question. There is certainly much work which is exceedingly irksome, and an excess of work is always very painful. I think, however, that, provided work is not excessive in amount, (a)even the dullest work is to most people less painful
5　than idleness. There are in work all grades, from ①mere relief of tedium up to the profoundest delights, according to the nature of the work and the abilities of the worker. Most of the work that most people have to do is not in itself interesting, but even such work has certain great advantages. To begin with, it fills a good many hours of the day without the need of deciding what one shall do. Most people, when they
10　are left free to fill their own time according to their own choice, are at a loss to think of anything sufficiently pleasant to be worth doing. And whatever they decide on, (b)they are troubled by feeling that something else would have been pleasanter. To be able to fill leisure intelligently is the last product of civilization, and at present very few people have reached this level. Moreover ②the exercise of choice is in itself tiresome. Except
15　to people with unusual initiative it is positively agreeable to be told what to do at each hour of the day, ③provided the orders are not too unpleasant. Most of the idle rich suffer unspeakable boredom as the price of their freedom from drudgery. At times they may find relief by hunting big game in Africa, or by flying round the world, but ④the number of such sensations is limited, especially after youth is past. Accordingly the
20　more intelligent rich men work nearly as hard as if they were poor, while rich women for the most part keep themselves busy with innumerable trifles.

■ notes
3. irksome 「あきあきする」　15. initiative 「決断力」　17. drudgery 「単調な骨折り仕事」
21. trifle 「つまらないもの」

☆ (1) 下線部(a), (b)を日本語に直せ。(4点×2)

(a)	
(b)	

(2) 下線部①～④の意味として，最も適当と思われるものを下記のア～ウの中からそれぞれ１つ選び，その記号を答えよ。(6点×4)

① mere relief of tedium
　ア simply to save yourself from hardship
　イ simply to ease the boredom
　ウ just to free yourself from worry

② the exercise of choice is in itself tiresome
　ア the mere task of making a selection is a bother
　イ just doing the sports activity you like will make you tired
　ウ doing the drills is not what makes you tired

③ provided the orders are not too unpleasant
　ア in case what they want to buy is not too hard to get
　イ as long as what they tell you to do is not so bad
　ウ on condition that the arrangement you make is not suitable

④ the number of such sensations is limited
　ア the amount of time we feel that way is unlimited
　イ there are so many people who can do such exciting activities to the end of their lives
　ウ we do not have an unlimited amount of such impressive experiences

☆ (3) 次の各文のうち，本文の内容に合うものには○を，合わないものには×をつけよ。(6点×5)
① 仕事が人に幸福をもたらすのは当然のことである。
② 自分の思いのままに時間を費やすことはそう難しいことではない。
③ 自分の自由になる時間がたくさんあるからといって，必ずしも幸福ではない。
④ 多くの現代人は余暇を楽しむ術を心得ている。
⑤ 知的な男性は，裕福でも仕事に精を出すものである。

①	②	③	④	⑤

I grew up knowing I was different, and I hated it. I was born with a cleft palate, and when I started school my classmates made it clear to me how I must look to others: a little girl with a misshapen lip, a bent nose, ugly teeth and unclear speech.

When schoolmates would ask, "What happened （　a　） your lip?", I'd tell them
5 I'd fallen and cut it on a piece of glass. Somehow it seemed more acceptable to have suffered an accident than to have been born different. I was convinced that no one outside my family could love me. Or even like me. Then I entered Mrs. Leonard's second-grade class.

Mrs. Leonard was round and pretty and fragrant, with shining brown hair and warm,
10 dark, smiling eyes. Everyone adored her. But no one came to love her more than I did. And for a special reason.

The time came for the annual hearing tests given at our school. I could barely hear out of one ear and was not about to reveal something else that would single me out as different. ①So I cheated.

15　②The "whisper test" required each child to go to the classroom door, turn sideways, close one ear with a finger, while the teacher whispered something from her desk, which the child repeated. Then the same for the other ear. Nobody checked how tightly the untested ear was covered, so I merely pretended to block mine.

As usual, I was last. But all （　b　） the testing I wondered what Mrs. Leonard
20 might say to me. I knew from previous years that the teacher whispered things like "The sky is blue" or "Do you have new shoes?"

My time came. I turned my bad ear toward her, plugging up the other just enough to be able to hear. I waited, and then came ③the words that God had surely put into her mouth, seven words that changed my life forever.

25　Mrs. Leonard, the teacher I adored, said softly, "I wish you were my little girl."

（注） a cleft palate「口蓋破裂(こうがい)」

■ notes

3. misshapen「奇形の」　6. suffer an accident「事故を経験する，事故にあう」　9. round「ふくよかな」
fragrant「いい匂いのする」　10. adore「〜にあこがれる」　12. barely「ほとんど〜ない」
13. be not about to do「〜するつもりは毛頭ない」　reveal「〜を明らかにする」
single out「〜を選び出す，やり玉に挙げる」　22. plug up「〜をふさぐ」

☆ (1) 下線部②を日本語に訳せ。(6 点)

[blank answer box]

(2) 友達に「あなたの唇はどうしたの？」と尋ねられたとき，筆者は何と答えたか，またそのような答えをしたのはなぜか，日本語で書け。

(4 点)

[blank answer box]

(6 点)

理由 [blank answer box]

(3) 下線部①で So I cheated. とあるが，具体的にはどのような行為をとったのか，またそのような行為をとった理由を日本語で書け。

(4 点)

[blank answer box]

(6 点)

理由 [blank answer box]

(4) 下線部③の中の the words とは何を指すのか，その内容を日本語で答えよ。(4 点)

[blank answer box]

(5) 本文中の(a)，(b)に入る適切な前置詞をア〜エから選べ。(2 点× 2)

(a) ア on イ to ウ at エ of
(b) ア through イ at ウ in エ on

(a) [blank box] (b) [blank box]

As a consumer, you have both wants and needs. These wants and needs include goods, or products. Goods are material items such as food, clothing, and appliances. People also want and need services. Services are actions performed for someone else for money, such as a haircut. A consumer is a person who buys and uses goods and
5 services.

How are the wants and needs of consumers met? Different countries have different economic systems. Every system of ①meeting wants and needs involves three main steps: production, distribution, and consumption. Production is making goods and providing services. Distribution is getting goods and services ___(a)___ the people.
10 Consumption is selecting, buying, and using goods and services.

Although every economic system involves the steps of production, distribution, and consumption, not all economic systems are the same.

The economic system in the United States is called free enterprise. ___(b)___ this system people enjoy many freedoms and rights in carrying out economic activities.
15 They have the freedom to choose their own ②careers. They can choose what products and services to buy, and where to shop for their purchases. Free enterprise also gives every person the freedom to own private property, as well as the freedom to produce. That means people are allowed to start a business of their own to make a ③profit. The government's involvement in business is carefully controlled.
20 An important feature of a free enterprise system is competition. Competition is the effort ④similar businesses make to outdo one another in profits ___(c)___ producing the products consumers want most. Competition encourages businesses to produce high-quality goods and services and allows consumers greater freedom of choice. For example, when you shop for shampoo, you can choose from a variety of brands. The
25 manufacturers of these brands are competing for your dollars.

All the choices you make as a consumer help to determine what businesses produce. This is the principle of supply and demand, another key feature of free enterprise. Supply refers to the amount and kinds of goods and services that are available for consumers to choose from. Demand is what consumers want. Consumer demand
30 has a direct effect ___(d)___ supply. Each time you make a buying decision, you cast a vote for the product or service you purchase. ₍ₑ₎Companies will not make products that consumers don't buy, because they can't make a profit on goods that don't sell. Consumers, therefore, have a powerful role in influencing what businesses produce.

（注） appliance「器具（類）」　property「財産」　involvement「関与」　feature「特徴」　outdo「～をしのぐ, 脅かす」
cast「～を投じる, 入れる」

(1) 文中の空所(a)〜(d)に入る最も適当な前置詞をそれぞれ次のア〜カから１つずつ選べ。ただし同じ語をくり返し用いてはいけない。(2点×4)

ア at　　イ by　　ウ without
エ on　　オ to　　カ under

(a) [　　] (b) [　　] (c) [　　] (d) [　　]

(2) 文中の下線部①〜④の語について，文中での意味に最も近いものをそれぞれ次のア〜エから１つずつ選べ。(2点×4)

① meeting　　ア joining　　　　イ looking at each other
　　　　　　　ウ satisfying　　　エ seeing someone for the first time
② career　　ア car-carrier　イ employer　ウ job　エ secretary
③ profit　　ア gain　　　　イ loss　　ウ price　エ sum
④ similar　　ア all different　　　イ almost complete
　　　　　　 ウ almost the same　エ much senior

① [　　]　② [　　]　③ [　　]　④ [　　]

☆ (3) 次の各文の空所に，それぞれ下のア〜エから最も適当なものを１つずつ選んで，本文の内容に一致する文にせよ。(6点×4)

① Giving a ride by taxi is one of the (　　　) for people.
　ア competitions　　イ material items
　ウ products　　　　エ services

　[　　]

② When we buy a pretty Japanese doll as a present, such a purchase is one kind of (　　　).
　ア business　イ consumption　ウ distribution　エ production

　[　　]

③ The free enterprise system makes it possible for people to (　　　).
　ア appear on television　　イ wake up from a happy dream
　ウ get a license to drive　　エ start their own business

　[　　]

④ Competition among companies is tough because the amount of sales (　　　) consumers' choice.
　ア has nothing to do with　　イ is dependent on
　ウ is not the result of　　　　エ is not subject to

　[　　]

☆ (4) 下線部(e)を和訳せよ。(6点)

[　　　　　　　　　　　　　　　　　　　　　　　　　　　　　　]

■ notes
2. material「物質的な」 item「品目」 13. free enterprise「自由競争」 28. refer to 〜「〜を示す」
31. vote for 〜「〜への賛成票」 33. have a role in doing「〜する役目を果たす」

　　Slavery in the United States began in 1619, when a Dutch ship brought 20 Africans to Jamestown, Virginia and sold them to the American colonists as contract servants. Unfortunately, over the years, the system evolved into slavery, which was eventually legalized through a variety of slave codes.　For example, the Virginia Code of 1705
5　stated that all slaves who had not been of the Christian faith in their native countries should be considered as the property of their owners.　Other laws prohibited marriage between slaves and non-slaves and even between two slaves.　Laws were also passed allowing ①severe punishment for runaway slaves.　Those who resisted their masters could legally be killed by the master and such a death would be considered legally an
10　accident.

　　During the colonial period, the slave trade was popular primarily in the South, where slave labor was useful in the growing of rice and tobacco.　Slaves were considered the economic backbone of plantation-style agriculture and many landowners became increasingly dependent on slave labor.　Slaves were often bought and sold at public
15　auctions with little or no 　A　 for their family relationships.　The largest recorded auction was held on two rainy days in 1859: a slave owner named Pierce Butler sold as many as 436 men, women, children, and infants who had been born on his plantations in Savannah, Georgia.　This sad event came to be known among African Americans as ②The Weeping Time.

20　Because of those social situations, there arose opposition to the slavery system across many regions of the United States, and writing became an important 　B　 for those who were against slavery to express their opinions in the hope of effecting change.　(a)It was in that social situation that Harriet Beecher Stowe, the author of *Uncle Tom's Cabin*, was born in Connecticut.　Her father was a Christian who was opposed to
25　slavery.　After marrying and moving to Cincinnati, Harriet became more aware of the suffering of black slaves.

　　The situation of slavery got worse and worse.　In 1850, the Fugitive Slave Act became a law in the United States, making ③it a crime for anybody to aid a runaway slave and giving slave owners the right to capture their slaves and bring them back to the
30　southern states.　Harriet decided to write *Uncle Tom's Cabin* in protest against the Act.

　　The story centers around Uncle Tom, a slave who is sold by his owners, separated from his wife and children, and who ④endures beatings and cruelty at the hands of his owner, Simon Legree.　After aiding several fellow slaves to escape to Canada, Tom is beaten to death on the orders of Legree.　The frank portrayal of slavery and the
35　horrors endured by slaves at the hands of white plantation owners had a strong impact on many of its readers.

The northern and southern states ☐ C ☐ their opinions about the book. (b)The northern states, which had banned slavery in the late 1700s, regarded it as an important book giving support to their goal of ending slavery. The reaction from the southern states, ☐ D ☐, which still supported slavery, was quite different. Southerners 40 criticized the book as inaccurate and claimed that it was not based on facts. As a protest against the view expressed in Stowe's work, several books were written by authors from the South, depicting slaves as happy workers and slave owners as kind masters. The differences in reaction to the book highlighted the ☐ E ☐ views of the northern and southern states regarding slavery. It was without doubt that the release 45 of *Uncle Tom's Cabin* in 1852 became an important event for the abolitionist movement and was indeed a factor that led to the outbreak of the Civil War.

(注)　Jamestown, Virginia「ヴァージニア州ジェームズタウン（北米最初の英国人による開拓地）」
　　　colonist「植民地開拓者」　code「条例」　Savannah, Georgia「ジョージア州サバナ（同州東部の港市）」
　　　Harriet Beecher Stowe「ハリエット・ビーチャー・ストー」　*Uncle Tom's Cabin*『アンクル・トムの小屋』
　　　Connecticut「コネチカット州」　Cincinnati「シンシナティ（オハイオ州南西部の都市）」
　　　the Fugitive Slave Act「逃亡奴隷法」　abolitionist movement「奴隷廃止論者運動」　　　　　［札幌大-改］

━ notes

2. contract servant「契約使用人」　4. legalize「〜を合法化する」　6. property「財産」
prohibit「〜を禁じる」　15. auction「競売」　17. infant「赤ん坊」　24. *be* opposed to 〜「〜に反対する」
31. center around 〜「〜を中心に展開する」　32. cruelty「残忍な行為」　33. fellow「仲間（の）」
34. frank「率直な」　portrayal「描写」　41. criticize「〜を批判［非難］する」　inaccurate「不正確な」
43. depict「〜を描写する」　44. highlight「〜を際立たせる」　47. outbreak「勃発」

(1) 下線部①，④とほぼ同じ意味の語を，それぞれア～エから1つ選べ。(3点×2)

① severe 　　ア exact 　　　イ unpopular 　　ウ valuable 　　エ tough
④ endures 　ア detects 　　イ transports 　　ウ bears 　　　エ creates

①　　　　　④

(2) 空所 A ～ E に入る適切な語句を，それぞれア～エから1つ選べ。(3点×5)

A 　ア promise 　　イ reason 　　　ウ payment 　　　エ regard
B 　ア fact 　　　イ means 　　　ウ result 　　　　エ services
C 　ア differed in 　イ heard from 　ウ responded to 　エ dispensed with
D 　ア therefore 　イ however 　　ウ for this reason 　エ accordingly
E 　ア respected 　イ respectable 　ウ respective 　　エ respectful

A 　　　　B 　　　　C 　　　　D 　　　　E

(3) 下線部②のThe Weeping Time とは「嘆きの時」という意味であるが，なぜそのように呼ばれるようになったのか，本文の内容に沿って自分の考えを日本語で述べよ。(6点)

(4) 下線部③の it は何を指しているか，本文中の語句を書け。(4点)

(5) Harriet Beecher Stowe が *Uncle Tom's Cabin* を執筆しようと思った理由は何か，本文に沿って日本語で説明せよ。(6点)

☆ (6) 下線部(a), (b)を和訳せよ。(6点×2)

(a)

(b)

☆ (7) 以下の文のうち本文の内容に合っているものに１を，それ以外の場合は２を記せ。ただし，全て同
じ番号を記入した場合は採点の対象としない。(6点×5)

① Two slaves could marry if they were born in the same country.

② Slave labor played an important role in the economy of the United States during the colonial period.

③ The novel *Uncle Tom's Cabin* had a great impact on the people of the United States, but the opinions of people in the northern and southern states were different.

④ Novelists in the northern states wrote books about slaves working happily on plantations.

⑤ The publication of *Uncle Tom's Cabin* was one of the reasons why the Civil War started.

① ☐ ② ☐ ③ ☐ ④ ☐ ⑤ ☐

装丁デザイン　ブックデザイン研究所
本文デザイン　A.S.T DESIGN
編集協力　　　エディット

大学入試 ステップアップ 英語長文【基礎】

編 著 者	大学入試問題研究会	発 行 所	受験研究社
発 行 者	岡　本　泰　治		
印 刷 所	ユ ニ ッ ク ス		© 株式会社 増進堂・受験研究社

〒550-0013 大阪市西区新町2丁目19番15号

注文・不良品などについて：(06)6532-1581(代表)／本の内容について：(06)6532-1586(編集)

01 旅行先で初めて話した外国語 (pp. 4〜5)

(1) ①ウ ②イ ③エ ④ア
(2) A−ウ B−ア C−イ
(3) フランスで昼食を食べること。
(4) 全文訳 の下線部参照。
(5) イ
(6) フランス(語)で初めて昼食を注文したら、接客係が筆者の言ったことを理解したようで、数分後に筆者が注文したつもりのものを持ってきたから。

解説

(1)①期間の長さを表す for を入れる。for two years「2 年間」 ②特定の期間を表す during を入れる。during my vacation「私の休暇中」 ③形容詞的用法の不定詞で、a book が「手段」を表す with の目的語になっている。 ④ arrive at 〜「〜に着く」

(2) A. enjoying 以下の分詞構文の内容につながるものとしては、I set out on my adventure「私は冒険の旅に出発した」が適切。B. so I decided to have lunch in France の内容につながるものとしては、I began to feel hungry「私は空腹を感じ始めた」が適切。C. 直後の文より筆者がパニックになっていることがわかるので I began to panic「私はパニック状態になり始めた」が適切。

(3)直前の to have lunch in France を指している。

(4) Studying は動名詞で主語。but 以下では traveling と using が動名詞で主語。A is one thing, but[and] B is another.「A と B とは別物だ」

(5) something を修飾する形容詞は後置される。フランス語を話すことについて心配している文脈なので something ridiculous「何かばかげたこと」が適切。

(6)直前の文の内容が理由。

全文訳 今よりずっと若かった頃、私は 2 年間ドイツで暮らしていた。ドイツにいる間に私はもっとヨーロッパを見ておきたいと思い、そこで休暇の間、フランスを訪れるのはよい考えではなかろうかと思った。フランスへ行く予定の約 1 か月前に、フランス語を勉強するための本を買い、出発の準備が整ったときには、基本的な表現をいくつか理解していた。もっとも、まだだれともフランス語を使って実際に話したことはなかったけれども。私は冒険の旅に出発し、車窓からの美しい春の天気を楽しんだ。物事はうまく運び、私は幸せだった。フランスとの国境に近づきフランスに入国する用意ができたときに、私は空腹を感じ始めたのでフランスで昼食をとることに決めた。この

ことは、私がフランス語を話す必要があることを意味していた。外国語を学ぶことと、そのあと外国へ旅行し、実際に外国語を使うこととはまったく別物である。私はパニック状態になり始めた。フランス語で何をどう言うのかひとつも思い出せなかったのだ！　ゆっくり深呼吸をすることが徐々に落ち着きを取り戻すのに役立ち、私は前に学習した表現のいくつかを思い出し始めた。気分がよくなり始めたが、しかし今度は、さまざまな単語を混同しているのではないかとか、みんなが私を見ているときにひょっとして何かおかしなことを言うのではないかと心配になり始めた。その頃には、私は国境を越え、フランスのとある小さな町に到着するところで、非常に空腹だった。列車から降りて、見つかった唯一のレストランに入った。メニューに載っていることのいくらかは理解できることがわかったので、精一杯頑張ってフランスでの最初の昼食を注文した。接客係は私の言うことを理解したようで、数分後にまさしく私がなんとか注文したものを持って来た。そしてそれは旨かった。成功したのだ！　フランス語を使うことは難しいときもあったけれども、その日から、フランス語を使うことに再び悩むことはなかったし、だから私はフランス旅行を楽しむことができたのである。

Point

不定代名詞を用いた慣用表現
① **Some** people like him, **others** don't.
（彼を好きな人もいれば嫌いな人もいる。）
② To say is **one thing**, to do is **another**.
（言うのと実行するのとは別物だ。）
③ Many guests arrived **one after another**.
（たくさんの客が次々に到着した。）

解説

不定代名詞とは、不特定の人やもの、一定ではない数量などを表す代名詞である。one, another, other などを用いた、さまざまな慣用表現があるので、いくつか例をあげる。

・**One** novel is brilliant, **the other** is quite ordinary.
（一方の小説はすぐれているが、他方はまったくの凡作だ。）
・Give me **one[some]** and you can take **the others**.
（ひとつは [いくつか] 僕がもらって、残りは全部きみにやる。）
・Did anybody **other than** you see him?
（きみ以外にだれか彼を見たか。）
・We go to the restaurant **every other** month.
（私たちはひと月おきにそのレストランに行く。）

ひっぱると、はずして使えます。

02 絶滅危機にある動物の保護 （pp. 6〜7）

(1) ある特定の種の動物がすべて死ぬこと。
(2) ②ア ⑤ウ
(3) ウ
(4) 都市の周辺で動物が住みかを失ったり死んだりしていること。
(5) the government made farmers stop using DDT
(6) 全文訳 の下線部参照。

解説

(1)直前文の内容を指している。
(2)②第1段落最終文（*ll.* 3-4）と空所を含む英文は動物の死の原因に関して逆接の内容になっている。
　⑤直前文では科学者たちがハクトウワシの卵を守ったということが述べられ，空所のある英文の and 以下ではハクトウワシの数が増え続けたと述べられているので，ハクトウワシが絶滅の危機を脱したことがわかる。no longer「もはや〜ではない」
(3)アとイはそれぞれ直前の名詞，the species と the animals を修飾する現在分詞。ウは前置詞(to)の目的語になる動名詞。
(4)similar situations は直前文の animals are losing their homes and dying という内容を受けている。これと同様の状況が都市の周辺でも生じているということをまとめればよい。
(5)〈make ＋ O ＋動詞の原形〉で「O に〜させる」という意味。stop *doing*「〜することをやめる」
(6)have yet to *do*「まだ〜していない」，determine if 〜「〜かどうか判断する[決める]」

全文訳　動物が死ぬのは珍しいことではない。自然界の事実である。特定の動物の種に属するすべての動物が死ぬことも珍しくはない。これもまた自然界の事実である。例えば，恐竜を例に取ろう。科学者は恐竜がなぜ絶滅したかについてまだ確信してはいないが，どうやら何らかの種類の自然現象が原因で死んだようだ。
　しかしながら，現代世界では，自然現象ではない原因によって死ぬ動物がたくさんいる。熱帯雨林で生活している種について考えてみよう。毎日，ますます多くの熱帯雨林の地域が切り倒されたり焼かれたりしている。熱帯雨林のいくつかの地域がなくなると，そこで暮らしているすべての動物はその住みかを失うか，木が切られたり焼かれたりすることによってその命を落とす。
　熱帯雨林だけが，動物がその住みかを失ったり死んでいったりしている場所ではない。都市の周辺でも動物は同様の状況に直面している。都市が大きくなるにつれて，人間がそれを取り囲む自然の領域へと移動する。このことは，ねずみから鳥や鹿に至るあらゆる種類の動物が，人間の近くで生活することに適応するか，あるいは別の地域に移動しなければならない，ということを意味する。そのような

適応も新たな住みかを見つけることもできない動物──場合によっては，そのような動物種──は結局は死んでしまうのである。
　近年，その土地に特有の動植物の種が死ぬのを防ぐために，一定の地域を保護する努力がなされてきた。絶滅の危機にさらされた種の自然の住みかを保護するために，州立公園や国立公園，ならびに鳥や野生動物のための特別区が設けられている。また，野生動物管理計画は，いくつかの種を絶滅をほぼ確実という状況から回復させるのに役立ってきた。この好例がハクトウワシである。50 年足らず前に，北米のハクトウワシは深刻な絶滅の危険にさらされていた。虫を殺す化学薬品である DDT の使用が，ハクトウワシの個体数に影響を及ぼしていた。この化学薬品を使っていた農家が多すぎたのである。最終的に，政府が農家に DDT の使用を中止させ，そのあと，科学者がひなが生まれるまで確実にハクトウワシの卵が保護されるように介入した。今日，ハクトウワシはもはや絶滅の危機にさらされてはいないし，アメリカ合衆国におけるハクトウワシの数は，科学者らの助けなしに増え続けている。
　保護地区が設けられ，野生動物管理計画は絶滅の危険性の高い種に監視の目を注いでいるけれども，科学者たちは，これらの努力が十分なものであるかどうかまだ判断するには至っていない。今日絶滅の危機にさらされているすべての動植物を救うことは可能なのだろうか，あるいはもうすでに遅すぎるのだろうか。

Point

分詞による名詞修飾
① Do you know that **crying** boy?
　（あの泣いている男の子を知っていますか。）
② They found some **hidden** treasures.
　（彼らは隠されている財宝を見つけた。）

解説
　一般に，現在分詞が名詞を修飾する場合は「〜する…」という能動関係が成立し，過去分詞が名詞を修飾する場合は「〜される…」という受動関係が成立する。
・Mary looked in on her **sleeping** baby.
　（メアリーは眠っている赤ん坊をちょっとのぞいた。）
・After the earthquake, the street was covered with **broken** glass.
　（地震のあと，通りは割れたガラスで覆われていた。）
　また，単独で名詞を修飾する分詞は名詞の前に置かれるが，ほかの語句を伴う分詞は名詞の後ろに置かれる。
・The boy **sitting** on the bench is my son.
　（ベンチに座っている少年は私の息子です。）
・The book **read** most in the world is the Bible.
　（世界で最も読まれている本は聖書だ。）

03 小説の題材　(pp. 8〜9)

> (1) **全文訳** の下線部参照。
> (2) ②**イ**　⑥**ウ**　⑦**ウ**　⑧**エ**
> (3) jokes
> (4) 当時，筆者は重要な人物にたくさん会っ
> たので，（もし日記があったら）興味深い
> 記録になっただろうと思うから。
> (5) **イ**
> (6) **ウ**

解説

(1) an experience I have had「私がした経験」では，an experience と I の間に関係代名詞 which[that] が省略されている。serve as 〜「〜として役立つ」，a series of 〜は「一連の〜」，incident は「事件，出来事」，illustrate「〜を説明する，〜を例証する」。

(2)② so 〜 that ...「とても〜なので…」　⑥〈hear + O ＋過去分詞〉「O が〜されるのを聞く」　O に当たる it は形式目的語で，あとの 2 つの whether 節が真の目的語となる。　⑦ what S was「S がどのようなものであったか」　what ... then が名詞節を作り，of の目的語となる。　⑧ writers を先行詞とする主格の関係代名詞 who を入れる。

(3) 既出の名詞の反復を避ける one の複数形。ここでは jokes の代わりに使われている。

(4) 直後の文頭にある接続詞 for「というのは〜だからだ」に注目して，その内容をまとめる。

(5) 下線部⑤の run は「〜を運営する」という意味の他動詞。**イ**の run も他動詞で「〜を経営する」という意味。

(6) 第 3 段落最終文(*ll.* 13-14)より，**ウ**が正解。**ア**第 2 段落第 2 文(*ll.* 7-8)参照。**イ**第 3 段落第 1 文(*l.* 10)参照。**エ**最終段落第 1 文(*ll.* 18-20)参照。**オ**最終段落第 4 文(*ll.* 24-25)参照。

全文訳　私は，これまで生きてきた間に自分の身に起こったことを，それが何であれ，作品の中にいろいろなやり方で利用してきた。ときには自分のした経験が主題として役に立つことがあり，その主題を説明するために一連の出来事を創作したこともある。ちょっとした知り合いや親しい人々を取り上げて，彼らを私の想像した登場人物の原型として使ったことはもっと多い。

私の作品の中では，事実と虚構とがとてもまざり合っているので，ふり返ってみると，今では事実と虚構とを区別することが自分でもほとんどできない。たとえ事実を思い出すことができたとしても，そうした事実を記録に残すことは私の興味をひくことではない。私の小説の中ですでにそれらを利用した場合は，とりわけそうである。そのうえ，事実は非常に退屈に思われる。

私は興味深い人生を送ってきたが，冒険的なものではなかった。私は記憶力が悪い。すばらしい話も 2 度聞くまでは決して覚えることができず，それもだれか他人に話す機会が来ないうちに，忘れてしまう。自分の作った笑い話ですら覚えていることがまったくできないので，いつも無理やり新しい笑い話を考え出さざるを得ない。自分でも気づいていることだが，物を覚える能力が不足しているせいで，私と一緒にいると空気が悪くなるのだ。

私は日記をつけたことが一度もない。今は，劇作家として最初に成功したあとの 1 年間は，日記をつけておけばよかったのにと思っている。というのも，その当時，私は重要な人物にたくさん会ったので，もし日記があったら，興味深い記録になっただろうと思うからだ。

その頃，国民の貴族に対する信頼は，彼らが南アフリカで引き起こした混乱のために打ち砕かれていたのだが，貴族連中はこのことに気づいておらず，なお昔ながらの自信を持ち続けていた。私がよく訪れていた人たちの中には，なお，大英帝国を運営することがまるで自分たちの個人事業であるかのように話す者もいた。総選挙がうわさにのぼっているときに，ある友人は内務省での職を得るべきだとか，別の友人はそれほど重要ではない役職でも満足するのではなかろうか，と議論されているのを耳にすると，私には奇妙な感じがした。今日では，ハンフリー・ウォード夫人の小説を読む者はだれもいないと私は思う。それらの小説は退屈かもしれないが，その中にはその当時の貴族の生活がどんなものだったかを非常に見事に描いているものがあると私には思われる。小説家はまだ貴族の生活に大きな関心を持っていたし，上流階級の人間をまったく知らない作家でさえ，上流階級の人間について大いに書くことが必要であると考えていた。

Point

〈so 〜 that〉構文

① This box is **so** heavy **that** I cannot lift it.
（この箱はとても重いので私には持ち上げられない。）

② It is **so** dark **that** I cannot see your face.
（とても暗くて僕にはきみの顔が見えない。）

解説

so と that の間には通例，**形容詞または副詞**が入る。

ただし，間に〈（不定冠詞 a, an ＋）形容詞＋名詞〉が入る場合は，〈**such 〜 that**〉構文を使う。

・She got **such** a nice present **that** she was very happy.
（彼女はたいへんすてきな贈り物をもらったので，とてもうれしかった。）

また，〈so 〜 that〉構文の that 節が cannot, couldn't を含む場合は，〈**too 〜 to**〉を用いて書きかえることができる。

①→ This box is **too** heavy for me **to** lift.

04 食事と音の関係 (pp. 10〜11)

```
(1) ①ウ ③イ   (2) ②イ ④ウ
(3) ウ   (4) ア   (5) イ   (6) ア
```

解説

(1)① appreciate は「(〜であることを)正しく認識する」。
③ affect は「〜に影響を与える」。

(2)②空所の直後に「私たちは料理から立ち昇るおいしそうな匂いを吸い込む」とあるので，嗅覚 sense of smell のことだとわかる。 ④ have an effect on 〜 で「〜に影響する」。

(3) either A or B で「A か B のどちらか」。

(4)ア「食品の消費量は食べる音と関連があるかもしれない」 be related to 〜「〜と関連[関係]がある」

(5)イ「食事中に大きな音を聞かないことで，私たちは食事をもっと楽しめる」

(6)ア「食べすぎを避けたいのであれば，自分自身の食べている音に耳を澄ましなさい」 第4段落第3文 (ll. 14-15)と一致。

全文訳

レストランのシェフ，家で料理する人，食に凝る人——おいしい食べ物が大好きな人たち——は，私たちはすべての感覚を使って食事をしているのだとよく口にする。

まず，私たちはディナープレートや食卓のいずれかに，料理がどのように提供されているかを正しく認識するために視覚を使う。食べる準備に入ったり食事を分け合ったりするときは，触覚も重要になるだろう。次に，嗅覚を使って，私たちは料理から立ち昇るおいしそうな匂いを吸い込む。最後に，味覚を使って食事を味わい，おそらく存分に堪能したりする。

しかし，聴覚はどうだろう。音も食事体験に影響を与えるのか。新しい研究報告は「そのとおりだ」と答える。この答えは，アメリカのブリガム・ヤング大学とコロラド州立大学の研究者によるものだ。彼らは，聴覚が食事体験に重要であることを発見した。

聴覚はしばしば「忘れられた食事感覚」と呼ばれている，とライアン・エルダーは話す。エルダーはブリガム・ヤング大学マリオット・スクール・オブ・マネジメントのマーケティングの助教だ。彼が言うには，食べるときに食べ物が発する音に注意を向けると，人は食べる量が少なくなる可能性がある。一方，食事をしながら大音量でテレビを見たり，大音量の音楽を聴いたりすると，そのような食べる音を覆い隠すことがある。これが，過食につながるおそれがあるのだ。

研究では，研究者は，食べる——噛む，むしゃむしゃ食べる，がりがり噛む——音が，人がどれくらい食べるかに影響するかを実験したいと考えた。実験中，被験者はヘッドフォンを装着し，大小いずれかの音声レベルで雑音を聞いた。そのとき，研究者は彼らにかりっとした歯ごたえのスナック菓子，プレッツェルを与えた。その研究から，大

音量の雑音を聞いた被験者が小さい音声レベルで聞いた被験者よりも多くのプレッツェルを食べることがわかった。

エルダーが言うには，食べながらテレビを見たり大音量の音楽を聞いたりするときのように，食べる音を覆い隠すと，あなたは食べる音への聴覚を失ってしまう。そして，このせいで，あなたはいつもより多く食べてしまうおそれがある。

研究者はこれを「クランチ効果」と呼んでいる。研究者は，その効果が1回の食事ではたいしたことがないように思えるかもしれないことは認めている。しかし，1週間，ひと月，1年ずっと続くと，その食事はすべて確かに増えていくだろう。

それはともかく，食べすぎないことに加えて，もうひとつの利点がある。食べながら食事の音を耳にすることは，食事体験をより意識するのに役立つし，おそらく食事をもっと心から楽しむのに役立つこともあり得るのだ。

Point

等位接続詞を用いた相関表現

① You should take **either** French **or** German in the first year course of the university.
(大学の1年の授業では，フランス語かドイツ語のどちらかを取る必要があります。)

② **Neither** you **nor** I am wrong.
(きみも僕も間違ってはいない。)

解説

either A or B は等位接続詞を用いた相関表現で，「**A か B のどちらか**」という意味。①では French と German が either A or B でつながっている。**neither A nor B** は「**A でもなければ B でもない**」という意味の相関表現。ほかに等位接続詞を用いた相関表現としては，**both A and B**「**A も B も両方とも**」，**not only A but (also) B**「**A だけではなく B もまた**」，**not A but B**「**A ではなくて B**」などがある。これらの相関表現が主語になった場合，both A and B を除いて，動詞は B に一致させる。both A and B の場合は動詞は複数主語に対応する。

Not only Jack **but also** Brian is familiar with Japanese culture.(ジャックだけではなくブライアンも日本文化に詳しい。)

Both English **and** French are spoken in Canada.
(カナダでは英語とフランス語の両方が話されている。)

05 花が大好きなフラワーズさん (pp. 12〜13)

(1) **全文訳** の下線部(A)，(B)参照。

(2) the temptation to throw a stone or two at one of Mr. Flowers' glasshouses

(3) other stones
(4) **エ，キ**
(5) ・彼の温室の中か近くにいる。
　・子どもたちの学校の校長先生に彼らの
　　いたずらについて苦情を言う。
　・隠れていて石を投げた子どもたちを追
　　いかける。
　・道の石をすべて拾い集める。
(6) 子どもたちが温室より立て札に石を投げ
　　たくなるように，「この立て札に石を投
　　げるな」と書いた立て札を少し離れた場
　　所に立てること。(62 字)

解説

(1)(A) to grow 以下は補語。
(B) nothing that he had done が主語。
(2) the temptation はその少し前の第 2 段落第 3 文(*ll.*
　8-10)の後半の内容をまとめたものである。
(3)フラワーズさんは「すべての石」を拾ったが，子ども
　たちはすぐに「ほかの石」を見つけた。
(5)第 2 段落最終文(*ll.* 12-13)〜第 3 段落を参照。
(6) marvellous idea の直後から，具体的内容が紹介さ
　れている。

全文訳　かつて，余暇の時間すべてを自分の 4 つある温
室のどれかで過ごす男がいた。フラワーズというのが彼の
名前で，花が彼の人生第一の楽しみだった。彼は古代ロー
マの支配者たちの名前と同じくらい長くて難しい名前のつ
いた，ありとあらゆる色の花を育てた。彼はこれらの花を
品評会に出すために育てた。(A)彼の人生のひとつの願望は
ローズ・オブ・ザ・イヤーの銀杯を獲得できるまったく新
しい色のバラを育てることだった。
　フラワーズさんの温室は公道にたいへん近かった。この
道はいつも学校に歩いて行き来する子どもたちや若者に使
われていた。とくに，13 歳くらいの男の子たちは，フラワー
ズさんの温室のどれかをめがけて，石を 1 つか 2 つ投げて
みたくなることがしばしばあった。フラワーズさんがあた
りにいるときは，彼らはその誘惑を何とか抑えたが，フラ
ワーズさんがどこにも見当たらないときは，その誘惑はし
ばしばとても強くなった。このため，フラワーズさんは学
校のある日の登下校の時間には温室の中か近くにいるよう，
最善の努力をした。
　しかしながら，このようなときに，いつも都合よく見張
りができるとはかぎらなかった。フラワーズさんはさまざ
まな方法で温室への被害を防ごうとしてきたが，(B)彼が
してきたことは何ひとつうまくいかなかった。彼は校長先生
に苦情を言いに学校へ行ったことがあるが，何の効果もな
かった。彼は茂みに隠れていて，庭に石を投げた男の子た
ちを追いかけたが，彼らのほうが彼よりも速く走ることが
でき，遠くから彼のことを笑った。男の子たちが投げるも
のがなくなるように，道を歩いて，見つけることができる
すべての石を拾い集めることまでした。しかし彼らはすぐ

にほかの石を見つけたり，かわりに土の塊を投げつけたり
した。
　彼がその戦いにいつか勝つという希望と，ローズ・オブ・
ザ・イヤーに値するバラを育てるという希望をあきらめかけ
たちょうどそのとき，本当にすばらしい考えが浮かんだ。
道からはっきり見えて，温室から数メートル離れたところ
に，彼は大きな立て札を立てた。板に「この立て札に石を
投げてはいけません」という言葉をペンキで書いた。この
あと，フラワーズさんはもうこれ以上困ることはなかった。
男の子たちは温室よりも立て札の方にもっと石を投げたい
と思うようになったからだ。

Point

不定詞(名詞的用法)
① My hobby is **to travel** abroad.
　(私の趣味は海外旅行をすることです。)
② I would like **to eat** something delicious.
　(私は何かおいしいものを食べたい。)
解説
　この名詞的用法の不定詞は**主語，目的語，補
語の働き**をする。①の to travel は補語，②の to
eat は目的語の働きをしている。
・It is important **to study** math hard. (主語)
　(数学を一生懸命勉強することは大切だ。)
　この文での to study は**真主語**。

06 鳥の持つすぐれた能力 (pp. 14〜15)

(1) (A)**エ** (B)**ア** (C)**イ** (D)**ア**
(2) ①**ア** ②**ウ**
(3) ①**イ** ②**イ** ③**ウ**
(4) **ウ**

解説

(1)(A)「彼女は，そのしゃべる鳥は言葉を正しい順に組
み合わせることもできると言う」 (B)「人類と大きな
脳を持つほかの哺乳類だけがものや言葉を組み合わ
せる能力を持っている」 (C)「秋に何千もの種子を集
めて蓄え，冬になってからそれらを見つける鳥がい
る」 (D)「その鳥は，えさなどのほうびをもらうた
めにこの技術を使った」
(2)① 1 つ前の文中の birds を指している。　② he は
Griffin を指す。1 つ前の文の the talking bird も
Griffin を指す。
(3)①「ある鳥たちは実際に何ができるか」　イ「彼らは
どこに種子を蓄えたか覚えておくことができる」
②「ペパーバーグ博士は何を発見したか」　イ「彼女
はヨウムが言葉を組み合わせることができることを
発見した」　③「カミル博士は何をやり遂げたか」
ウ「彼はあるものを別のものと見分けるように鳥を
訓練した」

5

(4)この英文は鳥の能力のうち，とくに記憶力がすぐれているという内容の文である。

【全文訳】　アメリカの科学者は，鳥の中には専門家が考えていたよりも賢い鳥がいることを発見した。鳥には意思伝達の能力があり，さまざまな種類の記憶力を持っていると科学者は言う。いくつかの特殊な場合には，彼らの能力は人間の能力よりもすぐれているようだ。

　その発見はアメリカ科学振興協会の年次例会で発表された。アイリーン・ペパーバーグ氏がグリフィンという名のヨウムの研究を発表した。そのヨウムはケンブリッジにあるマサチューセッツ工科大学の彼女の研究室で飼われている。ペパーバーグ博士は，グリフィンはものを大きさの順に並べることができると言う。彼女は，そのしゃべる鳥は言葉を正しい順に組み合わせることもできると言う。例えば，彼はえさをひとかけら求めるときに言葉を組み合わせるのだ。

　専門家は今まで，人類と大きな脳を持つほかの哺乳類だけがものや言葉を組み合わせる能力を持っていると考えていたと博士は言う。彼女は，鳥の脳は複雑な仕事は正しい順序で行わなければならないことを理解する能力を持っていると考えている。

　別の記憶力を持つ鳥もいる。例えば，秋に何千もの種子を集めて蓄え，あとで冬になってからそれらを見つける鳥がいるのだ。ネブラスカ大学のアラン・カミルとアラン・ボンドはカケスやホシガラスという名の鳥の記憶力について研究している。これらの鳥は蓄えた種子を見つけるために自然界の目標物を使うと彼らの実験は示唆している。その鳥たちは蓄えた種子を探すために岩や木などの少なくとも3つの目標物を使うことを彼らは発見した。

　カミル博士はまた，あるものを別のものと区別して選ぶようにカケスを訓練することもできた。カケスは，えさなどのほうびをもらうためにこの技術を使った。科学者はまた，鳥の中には2,000曲もの異なる歌を覚えることができる鳥もいると言う。歌は鳥がほかの鳥と意思伝達するための方法として発達したものかもしれないと彼らは言う。

　オハイオ州のボウリング・グリーン州立大学のベルネル・ビングマン教授もボストンで開催された科学会議で研究発表をした。ビングマン教授は鳥の脳には特別な誘導装置があるにちがいないと考えている。鳥の脳がどのように働いているのかを理解することが，人間の脳がどのようにして情報を処理するのかをもっとよく理解するのに役立つかもしれないと彼は言う。

【Point】

名詞節

① They think **that** some birds are intelligent.
　（彼らはある鳥たちは賢いと考えている。）
② He asked me **if** I had met her.
　（彼は私に彼女に会ったかどうか尋ねた。）
③ I asked him **whether** he would come.
　（私は彼に来るつもりかどうか尋ねた。）

【解説】
　名詞節を導く代表的な接続詞は **that，if，whether** などである。①，②，③の名詞節は目的語である。名詞節は主に**目的語**になるが，**主語や補語**になることもある。
・It is clear **that the birds found the seeds**.（真主語）
（鳥たちが種子を見つけたのは明らかだ。）
・The fact is **that Griffin has a good memory**.（補語）
（実はグリフィンはすばらしい記憶力を持っている。）

07 古代エジプトのミイラ　　（pp. 16〜17）

(1)　①ア　④ウ
(2)　【全文訳】の下線部参照。
(3)　ウ
(4)　ア
(5)　死とは，人があの世で新しく生きることに向かって旅を始めようとしているところだということ。
(6)　ウ

【解説】
(1)①空所の後ろが完全文なので，関係副詞を入れる。afterlife が先行詞。　④ around 3400 B.C. より，不定詞の時制は述語動詞が表している現在時制（seem）より以前のことだとわかる。また，意味上の主語は the first attempts なので，受動態にする。
(2) created は過去分詞で，by ... を伴って後ろから accidents of nature を修飾している。accident「偶然の出来事」　condition「条件」　environment「環境」
(3)下線部③の that は強調構文で用いられている接続詞。**ア**は関係代名詞。**イ**は同格の名詞節を導く接続詞。**ウ**は強調構文で用いられている接続詞。**エ**は真主語になる名詞節を導く接続詞。
(4)(A)と(B)は名詞的用法。(C)は副詞的用法。(D)は形容詞的用法。
(5)直後の文が下線部⑤の説明になっている。
(6)第1段落に英文全体の主題が述べられている。

【全文訳】　古代エジプト人は死後の生を信じていた。彼らにとっては，死はただ単に人の生命の循環の次の段階にすぎなかった。彼らは，死後，あの世へと旅立ち，そこで生まれ変わり永遠に生きると信じていた――ただし，こうしたことは，肉体が保たれている場合にしか起こらないのだと。エジプト人がミイラ，つまり，腐敗しないように乾燥させて保存した死体を作ったのはまさにこうした理由からであった。

古代エジプトの最初のミイラは約 6,000 年前に作られたが，それらは人の手によって作られたのではなかった。そうではなくて，それらは暑くて乾いたエジプトの環境条件によって作り出された自然の偶発的な出来事だった。死体が埋められたとき，暑くて乾いた砂が死体の水分を吸収し，柔らかい細胞組織が腐敗することなくゆっくりと乾燥し，自然のミイラを作り出したのである。

　おそらく，エジプト人に人体組織の保存法を試してみるという考えを最初にもたらしたのは，砂で乾いた死体(自然のミイラ)を思いがけなく発見したことによるのであろう。意図してミイラを作る初の試みは，紀元前 3400 年頃になされたようである。ミイラ作りの技術が完成し，エジプト中に広まるにつれて，その技術は永遠の命，つまり不死の存在になるために身体を整える方法として受け入れられるようになった。不死の人間になることは，人の生存における次なる段階だった。すべての人があの世で生まれ変わり，永遠に生きることを願ったのであるが，こうしたことが起こるためには，エジプト人は，肉体は保たれ，腐敗するようなことがあってはならないと信じていた。

　エジプト人は，死とは「生に向かって進む夜」だと言った。それは，人があの世での新生の旅を始めようとしているという彼らなりの言い方だった。それは困難な旅であった。というのも，途中には渡るべき火の池があったり，避けるべき怪物がいたりしたからである。正しい呪文を唱え，一連の試練を通過すれば，その人はあの世へ入って行ける。もし途中で失敗するようなことがあれば，その人は不死の存在になれないのだ。

Point

強調構文

① **It** was at the station **that** Akira met Lisa two days ago.
（２日前にアキラがリサに会ったのはその駅でだった。）

② **It** was a hat **that** John bought yesterday.
（ジョンが昨日買ったのは帽子だった。）

解説

　強調構文の基本的な形は **It is 〜 that ...** で，〜の部分が強調され，「…なのは〜だ，〜こそ…だ」と訳される。強調されるのは名詞(句・節)，副詞(句・節)で，形容詞や動詞は強調されない。①では副詞句(at the station)が，②では名詞(a hat)が強調されている。強調構文は，It is と that を取り除いて語順を整えると完全な文となる点に特徴がある。例文①，②から It was と that を取り除くと，① Akira met Lisa at the station two days ago. ② John bought a hat yesterday. という完全な文が現れる。また，疑問詞を強調する強調構文は，〈疑問詞＋ is it that ...?〉の形となる。When was it that John bought a hat?（ジョンが帽子を買ったのはいつですか。）

08 ボタンの位置と男女の違い (pp. 18〜19)

(1) **エ**　　(2) (a)**エ** (b)**イ**
(3) ①**エ** ②**ウ** ③**ア** ④**ウ** ⑤**ア**

解説

(1)空所を含む文の意味はそれぞれ次のとおり。「男性のシャツのボタンは右側についている<u>一方</u>，女性のシャツやブラウスのボタンは左側についている」「私たちに確かだと言えることは，ジェンダー間の社会的平等に数々の進展があった<u>とはいえ</u>，それでもまだいろいろと違いがあるということだ」接続詞 while には「〜する一方で，〜とはいえ」のように対比を表す用法がある。

(2)(a) on purpose「わざと，故意に」　(b) make sense「道理にかなう」

(3)①**エ**第１段落の内容に一致。　②**ウ**第２段落第１文(l. 6)に一致。　③**ア**第２，第３，第５段落の内容に一致。　④**ウ**第５段落最終文(ll. 24-25)の内容に一致。　⑤**ア**最終段落の内容に一致。

全文訳

現代社会では，男性と女性は多くの点で対等だ。ときには，男女が同じ服装をすることさえあるが，それでもまだ，ちょっとした違いがある。例えば，ボタンを考えてみよう。男性と女性が別々の側からシャツや上着のボタンを留めるのは，おかしな事実だ。男性のシャツのボタンは右側についている一方，女性のシャツやブラウスのボタンは左側についている。それはなぜか。

　確かなことはだれにもわからないようだが，いくつか説がある。多くの説は，ほとんどの人が右利きだという事実に基づいている。例えば，その昔，多くの男性は剣のような武器を毎日のように持ち歩いていた。金持ちや有力者はとくにだ。右手で剣を取るには，上着やチュニックの中に手をすんなりと滑り込ませることができなければならなかった。もっと前の時代では，男性が鎧を身につけているとき，右利きの敵がナイフや剣の切っ先を簡単に鎧の継ぎ目の間に突きつけることができなければ，彼らにとってはより安全だっただろう。そういうわけで，今日のシャツや上着がそうなっているのとまったく同じように，鎧の左側が右側を覆った。

　女性の場合，彼女たちは右手でほかのことを自由に行えるように，赤ん坊を左腕に抱くことが多かったと思われる。左腕に赤ん坊を抱いていれば，赤ん坊に授乳させるには，シャツやブラウスの右側を開けるほうがたやすいだろう。

　この違いは意図的に生み出されたと考える人もいる。産業化の初期，つまり衣類が初めて大量生産されるようになったとき，衣類のようなささいなものでも，男性と女性の違いを際立たせたいと考える人がいたのだと彼らは指摘する。

　ひとつの有力な説は，それと同じくらいの頃，多くの女性が，とりわけ裕福だったり貴族階級だったりした女性が，自分で服を着なかったというものだ。召使いが彼女たちの

ために服を着せた。召使いもほとんどが右利きだったため，女性のボタンが左側にあるのは理にかなっていた。しかも流行は，あとの私たちが真似るより先に，裕福で著名な人たちによって決められることが多かったため，すべての女性にとってのひな形は，そのようにして設定されたと考えられる。

　おそらく，この違いの答えはひとつではないだろう。原因は，異なる要因がいくつか組み合わさったものかもしれない。私たちに確かだと言えることは，ジェンダー間の社会的平等に数々の進展があったとはいえ，それでもまだいろいろと違いがあるということだ。

Point

接続詞 while

① I'm so lonely **while** he's away.
（彼が留守の間は私はとても孤独です。）
② Some people are rich **while** others are poor.
（金持ちがいるかと思えば，一方で貧乏人もいる。）
③ His mother is a singer, **while** he is a pianist.
（彼の母は歌手で，そして彼はピアニストだ。）

解説
　接続詞 while は，通例①の文のように「～する間」という意味で時を表すとともに，②，③の文のように「ところが一方」という意味で，and「そして」に置き換えてもいい程度の口語的な用い方をする。
　while 節の主語が主節と一致しているとき，主語と be 動詞が省略されることがある。
・I fell asleep while (I was) reading.
（読書しているうちに眠ってしまった。）

09 飛行機旅行のパイオニアたち (pp. 20〜21)

(1) 当時，飛行機は小さくて壊れやすかったから。
(2) ②エ ④カ ⑤イ
(3) 全文訳 の下線部参照。
(4) ① flight ② Atlantic ③ world
(5) イ，ウ
(6) イ，ウ

解説
(1)下線部①は「それら(＝飛行機)を操縦するには勇気が必要だった」の意味。It takes ～ to *do* で「…するのに～(労力・時間)を必要とする」。直前の airplanes were still small and fragile がその理由である。
(2)②直後の文に「あまりにも眠かったので，指でまぶたを引っ張って開けていなければならなかった」とある。　④人気者のイヤハートの飛行機が消息を絶ったと聞いた人々の様子。　⑤イヤハートたちは

消息を絶つまでに世界一周の4分の3以上飛行していた。
(3)〈with ＋名詞＋現在分詞〉で「(名詞)が～しながら」という付帯状況を表す。これは独立分詞構文である。独立分詞構文が付帯状況を表すとき，with を前につけることで，その意味をはっきりと表せる。
(4)①「人類の最初の飛行から100年以上になる」decade は「10年」，ten decades で「100年」。　②「リンドバーグは大西洋を単独横断飛行した最初のパイロットだった」　ニューヨークとパリの間にある海は大西洋。③「イヤハートは1937年に副操縦士とともに世界一周飛行に挑戦した」。
(5)イ第1段落第3文(*ll.* 3-5)，同段落第9文〜第10文(*ll.* 11-14)と一致。　ウ第1段落第5文(*ll.* 6-7)と一致。
(6)イ第2段落第2文(*ll.* 16-17)と一致。　ウ第2段落第3文(*ll.* 17-18)と一致。

全文訳　空の旅は，ウィルバーとオービルのライト兄弟が1903年に先駆けとなる飛行をして以来，長い道のりをたどってきた。1920年代には飛行機はまだ小さくて壊れやすかったため，特に長距離にわたって飛行機を操縦するには勇気が必要だった。1927年にチャールズ・リンドバーグという名前の若いアメリカ人がニューヨークからフランスのパリへ全行程単独飛行をして世界を驚かせた。その旅をするには，リンドバーグは嵐の北大西洋上空を何千マイルも飛行しなければならなかった。彼は33時間続けて眠らずに用心していなければならなかった。フライトの終盤には，あまりにも眠くて，指でまぶたを引っ張って開けていなければならなかった。小さな機体が風に揺れる中，彼は氷山の周りを，そして雨雲を通り抜けて飛んだ。途中，進路が見えなくなるほど濃い霧の中を飛行しなければならず，何回か危うく海に墜落しそうになった。フランスに無事着陸したあとで，彼になぜ「幸運なリンディー」という名前がつけられたのかわかるだろう！　アメリカに帰国してから，リンドバーグは国家の英雄として喝采を浴び，彼の飛行機スピリット・オブ・セントルイス号は世界で最も有名な飛行機になった。

　リンドバーグの偉業から10年のうちに，アメリア・イヤハートという名前の女性パイロットがリンドバーグと同じくらい有名になった。1932年に彼女はカナダからアイルランドへ単独大西洋横断飛行を成し遂げた。のちに，彼女はカリフォルニアからハワイに単独飛行した最初の女性になった。1937年，ついにイヤハートは最も偉大な功績となる世界一周飛行を試みた。

　副操縦士とともに彼女はカリフォルニアを出発して東へ飛んだ。フロリダへ飛び，次に南アメリカへ南下し，アフリカに向かって大西洋を渡った。そこからは中東を横切る進路をとり，それからインドと東南アジアとオーストラリアへ行った。行った場所ではどこでも，彼女を賞賛し，彼女の偉大な冒険のゆくえを追っている人々に歓迎された。しかし，1937年の7月，イヤハートが出発してから6週

間後，世界中の人々が彼女の飛行機が南太平洋のどこかで消息を絶ったと知って悲しんだ。無線通信での彼女の最後の言葉は，進路に迷い，燃料が足りなくなってきたというものだった。イヤハートと副操縦士は消息を絶つまでに世界一周の４分の３以上を飛行していた。今日に至るまで彼女たちに何が起こったのかだれも正確にはわからない。

Point

It takes / costs ～の表現

① **It takes ～ to do**「…するのに～（労力・時間）を必要とする」
   It takes courage **to** open the door.
   （その扉を開けるには勇気がいる。）

② **It costs ～ to do**「…するのに～（費用・労力）がかかる」
   It costs much money **to** rebuild the station.
   （その駅の建てかえには多額のお金がかかる。）

解説

It takes ～ to do で「…するのに～（時間・労力など）を必要とする」の意味を表す。**It costs ～ to do** は「…するのに～（費用・労力）がかかる」の意味を表す。take，cost ともまったく同じ構文で使えるので，関連づけて覚えておこう。

また，**It takes A B to do** で「…するのにA（人など）にB（労力・時間）を必要とする」，**It costs A B to do**「…するのにA（人など）にB（費用・時間・労力）がかかる」も覚えておこう。

・**It took** <u>me</u> a whole day **to** finish the job.
　（その仕事を終えるのに私は丸一日かかった。）
・**It cost** <u>him</u> ten dollars **to** have the watch repaired.
　（彼はその時計を修理してもらうのに 10 ドルかかった。）

この場合の it を「それは」と訳さないこと。to 以下から日本語を組み立てると，うまく訳せる。

10 日米間の友達づき合いの違い (pp. 22〜23)

(1)　(a)**エ**　(b)**ア**　(c)**イ**　(d)**オ**　(e)**ウ**　(f)**カ**
(2)　①**イ**　②**エ**　③**ア**　④**オ**　⑤**ウ**
(3)　全文訳 の下線部①，②参照。
(4)　(A) proud, of　(C) was, surprised
(5)　pictures
(6)　全文訳 の下線部(X)，(Y)参照。

解説

(1)(a) one another's「お互いの」　(b) so-called「いわゆる」　(c) as to ～「～について，～に関して」　(d) along with ～「～とともに」　(e) if ever〈seldom などとともに用いて〉仮にあるとしても，まったくとは言わないまでも（めったに～ない）」　(f) by chance「偶然」

(2)① on those <u>rare</u> occasions「そのようなめったにない場合」　② <u>whole</u> house「家<u>全体</u>」　③文脈から their <u>new</u> homes。　④ with my <u>own</u> eyes「<u>自分自身の目で</u>」　⑤ more than <u>simple</u> modesty「<u>単に控え目であること以上</u>」

(3)①第１段落冒頭。　②第２段落冒頭。
(4)それぞれ(A) be proud of, (C) be surprised を思い出せばよい。
(6)それぞれ go to the opposite extremes のすぐあとに具体的な内容がある。

全文訳 　①<u>アメリカと日本の興味深い違いの１つは，アメリカの家庭生活は日本のそれよりも社会生活にずっと深くつながっているということである</u>と，私には思える。友達がずっと頻繁(ひんぱん)にお互いの家を訪問したり，家でより多くのパーティーを開いたりするし，夫婦が社交的な集まりに一緒に出かけたり，妻がさまざまな社交クラブや慈善活動に従事したりしている。

②<u>日本に住む外国人がめったに日本人の友達の家庭に招待されないというのが，彼らの間での共通の不満である。</u>ほんのたまに招かれた場合でも，家全体を見せてもらえることはめったにない。ふつうその夜はいわゆる客間に閉じ込められてしまう。アメリカ人はこれとは好対照で，途中で見られるかもしれない散らかりようをしばしば謝りながら，(X)<u>屋根裏部屋から地下室まで家全体を見せて回る。</u>

この違いの原因に関して，私たちは想像することしかできない。アメリカ人については，それは彼らの純粋な好意，すなわち彼らの悪名高い率直さに関連しているのではないかと思う。しかしそれは，アメリカ人が所有物を過度に自慢したがることをも示しているのではないかと思う。最近，私は合衆国の友達から，彼らの新しい家が写っている２枚の写真を受け取った。その２枚とも，写真には人間が写っておらず，家だけが写っていた。ほかの新しく手に入れたものと一緒に，自家用車もこのようにして，いろいろな訪問者に見せつけられる。

その一方で，私の日本人の友達はアメリカ人と好対照のように思えるのである。例えば(Y)<u>日本人は，新築の家を建てていることを，まったくとは言わないまでも，めったに私に話さない。</u>偶然あるいは私自身の目で家を見て，そのことについて発見するかもしれないのである。自動車とかほかの所有物についてはめったに話し合われることはない。そしてたいへん驚いたことには，私の知人の１人は彼と彼の妻との間に赤ん坊が生まれたということを私に話しさえしなかった。子どもが生まれてからしばらくして，私はそのことを知ったのだった。

このようなことは，単に控え目であるということ以上であるように私には思える。新しい情報が最後になって明らかにされるときに可能なかぎりの最大の衝撃的な印象を引き起こすために，意図的にそうしているのではないかと，私はときどき疑ってしまう。いくら控え目に見ても，私には過度の秘密主義に思える。

11 アジアにおける足の文化 (pp. 24〜25)

(1) ①ウ ②ア ④ウ ⑤イ ⑥ア
(2) 全文訳 の下線部参照。
(3) 足をよくこすることには治療効果がある
　　という考え方。(25字)
(4) ア F　イ F　ウ T　エ T

解説

(1)① 2者について，一方を one と言った場合，もう
一方を the other と言う。　②第2段落で述べら
れていることの具体例に言及しているので，for
example「例えば」を入れると自然な流れになる。
④空所の直後のダッシュ以下で述べられていること
は，足は運動器官としてしか考えられていないとい
うこと。これは，第3段落の内容とは逆のことである。
したがって，the opposite「反対のこと」を入れるの
が自然。　⑤ which は非制限用法の関係代名詞で，
to point ... on books が先行詞。それがタブーとされ
てきたと述べられているので，空所に disrespectful
「無礼な」を入れると文意が成り立つ。　⑥空所に続
く部分が完全文なので，a country を先行詞とする
関係副詞 where を入れるとよい。
(2) dip 〜 in ...「…に〜を浸す」　mixture「混合物」
before *do*ing「〜する前に」　leaving は分詞構文。
「（そして）〜する」
(3)下線部⑦は「足に対する中国の今日の関心はマッ
サージに集中している」という意味。この背景に
ある考え方については，直後の文の an industry ...
good foot rub に述べられている。
(4)ア本文に記述なし。　イ第3段落第2文〜第3文(*ll.*
8-9)と不一致。　ウ第3段落最終文(*ll.* 11-13)と一致。
エ第5段落第3文(*ll.* 17-19)と一致。

全文訳　ほとんどの人が歩き回るごく基本的なやり方と
して，一方の足をもう一方の足の前に踏み出す。もっとも，

足はボールをけったり，自転車に乗ったり，ダンスをした
りするのにも——ひょっとすると，空中の高いところで
ロープの上を歩くのにさえ役立つものではあるが。
　しかし，アジアでは，足は私たちをまっすぐに立たせた
り，ある場所から別の場所へと連れて行く単なる2つの器
官という存在をはるかに超えたものである——その足が私
たちに文化の微妙な問題をもたらすことがあるのだ。
　例えば，インドでは，他人の足に触れることはその人の
知識や経験に対する敬意の表れとして理解されていて，通
例，それは年長の家族や教師や親に対してだけなされる。
足はまた，インドの結婚式においても重要な役割を果たし
ている。インド西部のヒンドゥー教の結婚式では，その
最中に花嫁の親は花婿の足を洗う。インド東部では，花嫁
は花婿の家に入る前に，牛乳と赤い染料の混ざった液体の
中に足をちょっと浸し，床に赤い足跡を残していく。ヒン
ドゥー教やイスラム教の女性は，結婚式に備えて自分の足
を飾り，ヒンドゥー教の花嫁は結婚したあと，自分が結婚
していることを示すために，足の指に指輪をはめておくの
が伝統である。
　タイでは状況はまったく反対である——足は歩くために
はよいものだが，それだけのことである。年長者に足を向
けたり，テーブルの上に足をのせたり，本を足で踏んだり
することは無礼なことであって，長い間，タイではタブー
とされてきたし，今でもそうである。
　日本人は，伝統的に，家では靴を脱いできた。なぜだろ
うか。貴重で神聖なものとみなされている，床に敷いてあ
る畳を使用することが，この風習の主な理由である，と言
う専門家もいる。また，湿度が比較的高い国なので，靴を
脱ぐことが足を乾いた状態に保つのに役立つことから，公
衆衛生が主たる理由だと言う専門家もいる。
　足に対する中国の今日の関心はマッサージに集中してい
る。中国の主要な都市のほとんどすべての通りには，1軒
または複数の足のマッサージ店があり，中国人は伝統的に，
足をよくさすることは治療効果があると信じているために，
マッサージ産業はますます人気が高まっている。漢方医は，
足には多くのつぼがあり，そのつぼをほぐすことは——疲
労した足の裏の筋肉をほぐす一方で——体のほかの器官の
健康を促進し，病気を予防するのに役立つ，と言っている。

関係副詞 **when** は「時」を表す先行詞を受け，when 節が後ろから先行詞を説明する。
・Saturday is the day **when** I'm free.
（土曜日は私が暇な日です。）
　そのほかの関係副詞には **how** と **why** がある。how は「～する方法」，why は「～する理由」を表す。
・That is **how** we entertained them.
（そんなふうに私たちは彼らをもてなした。）
　how の先行詞は way だが，the way を伴うことは今日ではごくまれで，ほとんど省略される。
・Tell me (the reason) **why** you did it.
（そうした理由を私に言ってください。）
　why の先行詞は reason だが，the reason を省略するのがふつうである。

12 演説とジョーク　　　（pp. 26～27）

(1)　A－イ　B－オ　C－ウ　D－ア
　　　E－エ
(2)　①ア　②エ　③エ　④ア　⑤ウ
(3)　①1　②2　③3　④1　⑤1

解説
(1)A. ice-breaker から考える。　B. something related to the topic「話題に関係のあること」　C. books があるので「アイスブレーカー用に特別に書かれたジョークの本」とする。　D. debate「ディベート」といえば argue「論じる」。　E. 直前の文に debaters use humor とある。
(2)② what は関係代名詞，follow は自動詞「あとに続く，続いて起こる」。　③ not ～ every の部分否定の文。⑤ディベートは2チームに分かれて討論すること。
(3)①第1段落第1文(l. 1)と一致。　④第4段落第3文(ll. 19-20)と一致。　⑤第4段落第5文(ll. 20-21)と一致。

全文訳　アメリカ人が聴衆の前で話をするとき，しばしばジョークから始める。これは聴衆が多かろうと少なかろうと，それが形式ばったものであろうとなかろうと，当てはまることである。スピーチの始めのジョークは，アイスブレーカーと呼ばれている。
　アイスブレーカーの背後にある考えとは何であろうか。話し手が話を始める前には，話し手と聴衆の間には冷たい関係がある。彼らはお互いに知らない者どうしである。これは心地よくはない。話し手は聴衆と温かい関係を作りたいと考え，ジョークを言う。聴衆は笑いで応え，両者は1つの経験を分かちあったと感じるのである。話し手と聴衆との間にある「氷」が砕かれるのである。よいアイスブレーカーとは単におもしろいジョークではない。それはスピーチの話題と何らかの関連があるべきである。
　アイスブレーカーの始まりにはいくつかの共通の型があ

る。例えば，話し手は「この会合に来る途中に私におもしろいことが起こりました……」と言ってから，続けて話題に関係のあることについてのジョークを飛ばす。もう1つのよくある話の切り出しは，「この話題について話すように頼まれたとき，3人のセールスマンの話を思い出しました……」というものだ。もしこのような，あるいはこれに似た発言を聞けば，続いて言おうとしているのはジョークであると確信することができるのである。
　当然のことではあるが，すべての話し手にジョークを作る才能があるわけではない。しかしアイスブレーカーはとても重要なので，多くの話し手はアイスブレーカー用として特別に書かれたジョークの本に頼るのである。アイスブレーカーのあと，話の残りをまじめにする話し手もいるだろう。しかしそれはすべての場合に当てはまるわけではない。多くの話し手は，ユーモアは聴衆に興味を持たせ続けるのに非常に効果的な方法であると感じている。ユーモアは聴衆に話の内容を思い出させる手助けとなるとも彼らは信じている。
　公開の話し合いの特別なものがディベートである。ディベートでは，ある問題の2つの側面が聴衆の前で論じられる。例えば，あるディベートは「単一の世界政府は存在すべきか」といった問題について行われるかもしれない。ディベートをする人は2人の個人か2つのチームであるかもしれない。しかしいずれの場合も，ほとんどすべての論者がユーモアを使う。ユーモアは相手を嘲笑する武器としてディベートの中で使われる。もし相手の論理が弱ければ，ユーモアを使ってその弱さを大きく目立たせ，それを聴衆に明らかにすることができる。しかし，最も重要なことは，ユーモアはディベートやほかのすべての状況において，事実のみを扱う話し手よりも，その話し手をより人間的で，より親しみやすくて，より温かい心の持ち主であると思わせることである。

Point
部分否定
① **Not every** student is good at English.
（あらゆる生徒が英語を得意としているわけではない。）
② **Not all** the students could solve the problem.
（すべての生徒がその問題を解けたわけではない。）
③ He is **not always** right.
（彼がいつも正しいわけではない。）
④ I haven't read **both** articles.
（私はその記事を両方とも読んだわけではない。）
解説
　not，never などのあとに，**every，all** のように「全体」を表す語が続くと，「**すべてが～というわけではない**」と一部だけを否定する**部分否定**になる。
　①の〈**not every ＋単数名詞**〉，②の〈**not all ＋**

11

複数名詞〉は，「すべての～が…というわけではない」の意味。

③の **not always** は「いつも～というわけではない」，④の **not both** は「両方とも～というわけではない」の意味。

13 人類の進化 (pp. 28〜29)

```
(1)  エ      (2)  ア
(3)  ウ      (4)  ウ
(5)  ①F  ②T  ③F  ④F  ⑤F
```

解説

(1) body を受けるが，「チンパンジー，ゴリラ，オランウータン，テナガザルの体」となるので，bodies に代わる代名詞を探す。

(2) date は動詞で「～の年代を推定する」の意味がある。「それら（化石）の年代を推定する確かな方法」

(3) They made better tools and weapons がヒント。

(4)「道で会っても彼らだと気づかないだろう」

(5)①第 1 段落最終文 (ll. 3-4) から判断できる。　②第 2 段落を参照。　③第 4 段落最終文 (ll. 13-14) を参照。④第 6 段落第 3 文 (ll. 20-21) に「同様に進化してきた」とある。　⑤このような記述はない。

全文訳　人類は最も高度な進化の産物である。人類の知性はほかのどんな生物の知性よりもずっとすぐれている。骨格から見ると，人類の体はチンパンジー，ゴリラ，オランウータン，テナガザルの体と密接な関係がある。しかしこのことは人類がこれらの類人猿のいずれかから進化したということを意味しているのではない。

　化石の研究から，科学者は古代の人類と類人猿が数百万年前，共通の祖先を持っていたと考えている。類人猿と人類は別々の方向に進化し，それぞれ違った生活様式に適応するようになった。

　毎年，初期の人類の化石がより多く発見されつつあり，それらの年代を推定する確かな方法が開発されつつある。しかし科学者はまだ人類の進化の全容を知っているわけではない。

　アフリカで，科学者は 200 万年以上前のものと思われる人類の化石を発見した。これらの化石の中に，簡単な道具が見つかった。したがって，科学者はそれらの先史時代の人々が道具を作ることができたと知るのである。彼らが子どもたちに道具の作り方やそれらの使い方を教えることができたのは疑う余地もない。

　初期の人類の体と頭脳はゆっくりと進化した。彼らはよりよい道具と武器を作り，熟練した猟師になった。彼らは徐々にお互いに話をするようになった。彼らは火を発見し，火のおこし方を学んだ。

　人類は約十万年前からずっと「現代」の姿である。もし最初の「現代」の人類が現代の服を着たなら，通りで見ても彼

らだとは気づかないだろう。しかし，同じように進化してきたネアンデルタール人は，3 万年ほど前に絶滅してしまった。彼らはどうやら現代人の直接の祖先との競争に勝つことができなかったようだ。

　何千年もの間，人々はほら穴，平原，ジャングルで生活した。徐々に彼らは自分自身が使うために，動物を訓練し，植物を栽培し始めた。やがて，彼らは自分たちの歴史を記録に残し始めた。人類は自分自身の進化の歴史を探し出そうとする最初で唯一の存在である。

Point

〈**have been ＋過去分詞**〉の表現
① A lot of tools **have been found** in the caves.
（ほら穴で，たくさんの道具が発見された。）
② Many reports **have been written** for five years.
（5 年間に多くの報告書が書かれてきた。）

解説

　この動詞の形は**現在完了**〈have ＋過去分詞〉と**受動態**〈be 動詞＋過去分詞〉の表現を合わせて言い表したものである。

14 日本人の集団主義 (pp. 30〜31)

```
(1)  (A)イ  (B)ア  (C)ア
(2)  (a)ウ  (b)ア  (c)ア
(3)  全文訳 の下線部①，②参照。
(4)  イ，エ
```

解説

(1)(A) *be* at odds with ～は「～と食い違う」。　(B) solidarity は「団結，結束」。　(C) oppose は「～に反対する」。

(2)(a)「もし一員が集団の規則を無視したり，秩序をかき乱すならば」　(b)「集団主義が否定的に働いている例もたくさんある」　(c)「もし日本人に強い集団意識がなかったなら，こんなに迅速に社会を再編成し，経済を立て直すことは不可能だったろう。」〈主語 ＋ would have ＋過去分詞～ if it had not been for ...〉は仮定法過去完了で，「もし…がなかったら，主語は～だったろう」と過去の事実に反する仮定を表す。

(3)① as a result で「結果として」。主語は an individual で，関係代名詞 who の先行詞である。関係代名詞節は who ～ group まで。cannot help *doing* で「～せざるを得ない」，conform to ～で「(規則，習慣)に従う」の意味。　② one は一般の人々を表す。the fact の次の that は同格の that。

(4)ア第 1 段落最終文 (ll. 4-7) と不一致。　イ最終段落第 1 文 (ll. 16-18) と一致。　ウ最終段落第 1 文 (ll. 16-18) と不一致。　エ最終段落第 3 文 (ll. 20-23) と一致。オ最終段落第 3 文 (ll. 20-23) と不一致。　カ最終段落第 4 文～最終文 (ll. 23-27) と不一致。

全文訳 日本の社会では集団の調和がとれていることがきわめて重大である。人々は集団として考え，行動することが多々あり，集団のためになることがなすべき正しいことだとほとんどの場合みなされる。<u>①結果として，集団の一員である個人は，その集団の目的，価値観，慣習などに順応せざるを得ない。</u>たとえ個人の考えが集団の価値観と食い違っていても，人前では彼らは集団を支持するという態度を維持しようとする。日本における「本音」と「たてまえ」の典型的な例である。

言うまでもなく，集団への忠義は団結という強い感情を生み出し，それはよいほうにも悪いほうにも働き得る。例えば，その感情により，人々は集団の中でより協力的になり得るが，一方で，ときには集団が全体で罪を犯す原因にもなる。なぜなら集団の一員にとって，立ち上がって悪事に反対するよりも，集団の価値観に従い，自分たちを守ることのほうが重要であるからだ。実際，もし一員が集団の規則を無視したり，秩序をかき乱したりするなら，その一員は集団から締め出されるという危険を冒すことになる。ことわざにあるように，「出るくいは打たれる」のである。

同じ集団に属する個人は同じような行動をとる傾向にある。これは一部では，同じことをしていると落ち着くからという理由もあるが，集団から追放されないようにするのに都合がいいからでもある。しかしながら，そのように集団を守ることにより，個人は自立することを控えるようになり，集団主義が否定的に働く例もたくさんある。エドウィン・ライシャワーが書いているように，第二次世界大戦中，日本人は軍隊への絶対的な服従を強いられ，結果として，結局のところ，日本国内においても外国においても，多くの無力な一般市民が残忍にも武力衝突に引きずり込まれた。一方，<u>②集団主義が戦後の日本の経済成長に多大な貢献をしてきたという事実も無視することができない。</u>もし日本人に強い集団意識がなければ，こんなに迅速に社会を再編成し，経済を立て直すことは不可能だったろう。

Point

形式主語 it

① 真主語が不定詞

It is difficult for me **to finish** the work.
（私がその仕事を終えるのは困難だ。）

② 真主語が動名詞

It is nice **seeing** you again.
（あなたにまた会えてうれしいです。）

③ 真主語が名詞節

It is true **that** he won the first prize.
（彼が1等賞を取ったのは本当だ。）

解説

主語が長い場合，**it** を**形式主語**として文頭に置き，**真主語**をあとにまわす。真主語になるものには，不定詞，動名詞，名詞節がある。名詞節では that 節を用いたものを多く見かけるが，that 節以外の名詞節を真主語にするものもある。

・It is not certain **whether** he will come.

（彼が来るかどうかは確かではない。）

15 予期せぬ人生への心構え （pp. 32〜33）

(1) ア・ウ・オ・イ・カ・エ
(2) ア
(3) エ
(4) ハリウッドに行って映画のダンサーになること。（22字）
(5) イ
(6) 世の中の人々が正確さと自制心をもって行動し，私たちが望むものを与えてくれること。（40字）
(7) **全文訳** の下線部参照。
(8) エ
(9) ア F　イ T　ウ F

解説

(1) 並べかえた英文は，her injuries made that future no longer possible である。
(2) (2) along with 〜「〜と一緒に」　(6) be concerned with 〜「〜に関心がある」
(3) that 節の she was hired to sing in a band がポイント。
(4) Her original plans は「彼女の当初の計画」という意味で，具体的には第1段落第2文前半（*ll.* 2-3）の She had planned ... a dancer in films を受けている。
(5) calling は「天職，職業」という意味。したがって，career「職業」が正解。
(6) expecting 以下の内容，つまり，私たちが世の中の人たちに対して期待していること，を指している。
do the same = act with precision, and self-discipline.
(7) go wrong「うまくいかない，失敗する」，leave O₁O₂「O₁に O₂を残す」，nothing but 〜「〜のみ，〜だけ」
(8) A の逆接の副詞 However に注目すると，C → A の流れが確定。B の This が A の内容を指していると考えれば，空所の直後の内容にも自然な流れでつながる。occupation「仕事，業務」　feature「特徴」　ego「自我」　proceed「進む」　disappointed「失望した」
(9) ア「ドリス・ファン・カッペルホフは歌手になって間もなく交通事故で重傷を負った。」
→第1段落第1文（*ll.* 1-2）に不一致。
イ「ドリス・デイという名前はドリス・ファン・カッペルホフの芸名であった。」
→第1段落第1文（*ll.* 1-2）と同段落第4文（*ll.* 5-7）に一致。
ウ「人生の喜びを得るためには，私たちは完璧な自制心を持つべきである。」
→第3段落第1文（*ll.* 16-17）に不一致。

13

全文訳 1940年代の初め，卒業式のパーティーの晩に，ドリス・ファン・カッペルホフという名の高校生の少女が大きな交通事故に巻き込まれた。彼女は映画のダンサーになるためにハリウッドに行くつもりだったが，けがのために，彼女のそうした未来は不可能になった。家での長い療養期間中に，ドリスはラジオから流れる女性歌手たちと一緒に歌を歌い始めた。彼女の声はとてもよく訓練されたものになったので，ある楽団に歌手として雇われ，それから間もなくして名前をドリス・デイと変えて映画でいくつかの役を得た。彼女の当初の計画は悲劇的な事故で挫折したが，それによって彼女は天職を見つけたのである。物事は必ずしも私たちの計画どおりにいくとはかぎらないけれども，計画の変更は私たちを満足のいく人生へと導いてくれる巡り合わせ，つまり，予期しておらず求めてもいない巡り合わせの一例──神の恵みかもしれない。

私たちは起こることを掌握できると思って計画を立てる。もしかすると，私たちは自然の出来事，つまり自分の望んでいたことと反対の結果になることを恐れているのかもしれない。人生の行路は，もし私たちがそれを支配しようとすることに気を揉めば，骨が折れる。私たちは正確に，また自制心をもって行動し，世の中の人たちもそのように行動し，私たちの望むものを与えてくれることを期待するかもしれないが，そうした期待が実現することはめったにない。

完璧な自制や完璧な制御は最も確実に人生の楽しみを逃すやり方である。人生が思いもよらないものであるということは，完璧な計画を立てない自由があるということを意味している。私たちは非常に乱雑でとうてい予測不可能な人生の自然の混沌状態へと流れて行くこともできるし，あるいは，慎重な計画を立てることによって人生を完全に管理しようとすることもできる。しかし，ロバート・バーンズが言っているように「最もよく準備された計画はうまくいかず，約束された喜びの代わりにただ悲しみと苦痛だけを私たちに残すことがよくある」。

計画を立てることは大人のすることであって，健全な自我の特徴である。しかしながら，人生は私たちの計画どおりには進行しないことがよくある。そうだとしても，私たちは失望したままになっている必要はない。おそらく，私たちは，宇宙には私たちのこれから起こる運命をもっと正確に映し出す計画が存在していると信じているのであろう。

Point

無生物主語構文

① This medicine made me feel better.
（この薬のおかげで，私は気分がよくなった。）
② Ten minutes' walk will take you to the station.
（10分歩けば，駅に着きますよ。）

[解説]
英語では，他動詞を用いた文で，無生物を主語として，それが目的語である人やものに対して何かをするという言い回しが多く用いられる。このような英文の構造を「無生物主語構文」という。無

生物主語構文の文を日本語に訳す際には，主語の内容に応じて原因・理由・条件・時などのように副詞的に表し，目的語が主語になるように訳すと自然な日本文になることが多い。①では，「この薬が私を気分よくさせた」→「この薬のおかげで，私は気分がよくなった」となり，②では，「10分間の徒歩があなたを駅まで連れて行くでしょう」→「10分歩けば，駅に着きますよ」となる。これ以外で，無生物主語構文でよく用いられるパターンとしては次のようなものがある。

(1) S make O *do* / S cause O to *do*「SがOに〜させる」→「S（原因）のためにOは〜する」
 What made him go there?
 = Why did he go there?
(2) S enable[allow] O to *do*「SがOに〜することを可能にする」→「SのおかげでOは〜できる」
(3) S prevent[stop / keep] O from *doing*「SがOが〜することを妨げる」→「SのためにOは〜できない」

16 広告と大量消費社会 (pp. 34〜35)

(1) **エ**　(2) **全文訳** の下線部参照。
(3) **エ，カ**

[解説]

(1) **ア**は get us to realize their importance「それら（＝商品やブランド）の重要性を私たちに気づかせる」，**イ**は the quality ... rather than frequency「頻度よりも…質を」，**ウ**は pay less attention to 〜「〜をほとんど気に留めない」が，それぞれ内容として合わない。
エ on numerous occasions「何度も」= repeatedly
(2) prevent O from *doing* で「Oが〜するのを妨げる」=「〈主語のせいで〉Oは〜することができない」という意味。ここでは，*doing* の部分に2つの動名詞句 spending 〜 が or を伴って並列されている。
(3) **エ**第3段落最終文 (ll. 17-19) に一致。　**カ**最終段落第1文 (l. 28) に一致。

全文訳 過去60年あるいは70年の間，大量消費主義は先進国における傾向となってきた。人は必要のないものを買い，使い切らないうちにものを取り替える。ものが壊れたとき，昔は修理したものだが，今日では古くなったものを捨て，新型のものに取り替える。実際，私たちが使うものの多くは修理できない。かつては，何年も長もちするように製品は作られていた。今は，たった数年しかもたないように設計されている。

宣伝活動は，私たちが実際には必要としないものを買うという，こうした行動を後押しする。宣伝すること（つまり広告）は，それを日常生活に，とくにテレビに何度も繰り返し映し出してもらうことで，私たちの目を商品やブラ

ンドに向けさせる。広告業界は，幸せになるためには，あれやこれやの商品が生活に必要だと私たちに訴えかけてくる。幸せそうな人，成功した人，容姿のいい人と商品を結びつける映像で訴えかけてくるのだ。私たちは，成功するか幸せになるには，その商品やブランド品を買わなければならない，あるいは広告の中の容姿がよく成功した人と同じブランド物の服を着なければならないと思い込む。

この大量消費主義の否定的な結果は簡単に見て取れる。必要のないものにますます多くの収入を費やすにつれて，人々はその支払いのためにもっと働かなければならなくなる。これにより，人々は家族と過ごしたり，教育や健康的な食事にお金を使ったりすることができなくなる。今日のアメリカでは，高校よりも多くのショッピングセンターがあり，親は週に約6時間を買い物に費やすが，子どもとはたったの40分しか遊ばない。

もうひとつの否定的な結果は，私たちが嘘やごまかしに鈍感になることだ。利益を増やし株価を上げるため，企業は商品に関するさまざまな嘘を並べ立てる。ダイエットも運動もしないで，薬を飲むだけで本当に体重を減らすことができるのか。

さらには，大量消費主義が環境に及ぼす悪影響についても警鐘が鳴らされている。私たちは，こうした不必要な商品を生産するためにエネルギーを使い，そのエネルギー使用が大気中に多くの二酸化炭素を放出し，気候変動を引き起こす。私たちが商品を捨てれば，それは燃やされるか埋められるかして，またもや環境を破壊する。

広告を出す側に言わせれば，彼らはただ私たちに情報を流しているだけだ。しかし実際は，私たちをだまして長時間働かせ，必要のないものを買わせ，人にいい印象を与えるには彼らの商品が必要だと思わせている。

Point

動名詞

① 主語として

Playing the guitar is a lot of fun.
（ギターを弾くのはとても楽しい。）

② 目的語として

I enjoy **jogging** every morning.
（私は毎朝，ジョギングを楽しんでいる。）

③ 補語として

Production is **making** goods.
（生産とは商品を作ることだ。）

解説
　動名詞は名詞と同じように，文中で主語，目的語，補語になる。また，前置詞の目的語にもなる。
・She went home without **saying** good-bye.
（彼女はさよならも言わずに家に帰った。）
　また，動名詞，不定詞を目的語にとる動詞には，次のようなものがある。
・**動名詞だけを目的語にとる動詞**
　… finish，enjoy，mind，avoid など
I finished **cooking** dinner.

（私は夕食を料理し終えた。）
・**不定詞だけを目的語にとる動詞**
　… hope，wish，pretend，learn など
I hope **to visit** Okinawa again.
（また沖縄を訪ねたい。）
・**動名詞と不定詞で意味の異なる動詞**
　… try，remember，forget，regret など
Remember to mail the letter.
（その手紙を忘れずに投函しなさい。）
I **remember mailing** the letter.
（私はその手紙を投函したことを覚えている。）

17　人工の雨を降らせた男　　(pp. 36〜37)

(1)　(A)ア　(B)ウ　(C)エ　(D)エ　(E)ウ
(2)　全文訳 の下線部参照。
(3)　②エ　③ア
(4)　①○　②△　③○　④×　⑤×
(5)　イ

解説
(1)(A)「その化学物質は蒸発すると，その地域に雨雲を引き寄せた」　(B)「彼は町の近くのモレナダムの背後にある湖を満たすのに十分な雨を作り出す計画を立てた」　(C)「雨が降らなかった場合は，市は何も払わないというものだった」　(D)「サンディエゴの町は洪水になった」　(E)「水はダムの上端から12センチ以内のところまで満ちていた」
(2)in order to do は「〜するために」の意味を表す不定詞の副詞的用法。目的を表している。chemicals の次の that は関係代名詞で，目的格。先行詞は mixture。
(3)② steal に冠詞の a がつくと「掘り出し物，格安品」の意味になる。文脈から判断する。　③降雨の話題なので，「神の行為」とは「自然現象」のことを指している。
(4)①「ハットフィールドはモレナダムの後ろの湖を満たすのに十分な雨を作り出したと思った」○
　②「ハットフィールドはかつてサハラ砂漠に雨を降らせた」　降雨の申し出をしたと書かれているが，実際に実行したかは不明なので△。
　③「ハットフィールドはサンディエゴ市の水不足問題を手助けしたかった」○
　④「1916年1月，ハットフィールドが降雨させたため20日間以上雨が降った」　雨が降ったのは15日間なので×。
　⑤「サンディエゴ市はハットフィールドの申し出を断った」×
(5)ハットフィールドの驚くべき降雨の功績について書かれている。

　人間は雨を降らせることができるのか。多くの人々はチャールズ・ハットフィールドならできると信じていた。1900年代初頭，ハットフィールドは合衆国，カナダ，メキシコの干ばつに苦しむ農場や町に雨を降らせて回った。人々は30年間，彼を北アメリカの最も偉大な人工降雨の専門家だと思っていた。雨を降らせるために，彼は化学薬品を調合した秘密の物質を使い，それを特別な皿に乗せて木造の塔の高い場所に置いた。その化学物質は蒸発すると，その地域に雨雲を引き寄せた。そのキャリアの中で，ハットフィールドはロンドンの町から霧を消し去り，サハラ砂漠に雨を降らせる申し出さえした。

　ハットフィールドの最も驚くべき降雨の業績の1つは1916年に南カリフォルニアで生まれた。ハットフィールドはサンディエゴの町の降水量が足りないことを知っていたので，町に水不足問題の手助けを申し出た。彼は町の近くのモレナダムの背後にある湖を満杯にするのに十分な雨を降らせる計画をした。そのダムは，建設以来，湖の水が半分以上になったためしがなかったが，満杯になれば，570億リットルもの水を貯水できる。湖に水を満たせば，サンディエゴの恒常的な水不足問題は解決できるだろう。ハットフィールドはもし彼が降雨で湖を満たすことに成功したら，市は彼に1万ドル支払うようにと提案した。雨が降らなかった場合は，市は何も払わない。市はその取り引きで失うものは何もなく，大雨が降ったとき1万ドル払うだけというのは大もうけのように思えたので同意した。

　1916年1月1日，ハットフィールドは降雨の作業に取りかかった。4日後に雨が降り始めた。雨は5日間降り続いた。1月10日に雨はもっと激しく降り始め，さらに10日間降り続いた！　サンディエゴの町は洪水に見舞われた。50人の死者が出た。200以上の橋が流され，線路は何マイルにもわたって破壊された。しかし，ハットフィールドは湖を満杯にすることに成功したのだった。水はダムの上端から12センチ以内のところまで満ちていた。ハットフィールドは自分の仕事が完了したと思ったので，市にお金を受け取りに行った。しかしサンディエゴ市は取り引きを破棄した。役人は，降雨は「神のなせる業」であり，人工降雨専門家の成果ではないと言った。ハットフィールドは市を訴えようとしたが，仕事に対する報酬をまったく受け取れなかった。

Point

不定詞（副詞的用法）

① **in order to** *do*「〜するために」
He studied hard **in order to** pass the test.
（彼は試験に合格するために熱心に勉強した。）

② **so as to** *do*「〜するために」
She stood up **so as to see** better.
（彼女はよく見えるように立ち上がった。）

解説
　in order to *do*，**so as to** *do* は不定詞の副詞的用法の中でも「〜するために」を表す目的の意味を持つものである。通常の to 不定詞でも目的を表すことができるが，「〜するために」の意味をより明らかにするには，to 不定詞の前に in order，so as をつける。
　副詞的用法のそのほかの意味を持つ不定詞を含む文は次のとおり：
・I was surprised **to hear** of her success.
　（私は彼女の成功を聞いて驚いた。）（原因）
・My grandmother lived **to be** one hundred.
　（私の祖母は100歳まで生きた。）（結果）

18 誤解される公立学校教育　(pp. 38〜39)

(1) お金を十分にかけることのできない子どもは成績が悪く，お金のない公立学校は成果が挙がらないということ。
(2) イ
(3) A－イ　B－ア
(4) 全文訳 の下線部参照。
(5) イ
(6) ア
(7) misconceptions
(8) ウ

解説

(1)直後の英文（Many people have ... will perform poorly.）の that 節の内容をまとめる。
(2)教育に関する誤解について，空所の直前ではいくらかの真実があるとしながら，直後では，そのためにすぐれた教育方針を採用できないとしているので，逆接の but が正しい。
(3) A. 直前文（Let's start with the children.）の具体例が空所の直後で挙げられている。For example「例えば」が正解。B. お金以外に学校が成果を挙げるための条件が述べられており，まず，制度的動機づけを挙げ，追加情報として時間を挙げているので，Besides「そのうえ」が正解。
(4) There is no doubt that ...「…ということに疑いはない」 doubt と that ... は同格関係。these challenges are not impossible to manage 形容詞を限定する副詞的用法の不定詞。raise「〜を提起する」 significant「重大な，重要な」 challenge「難題，難問」 manage「〜をうまく扱う，〜を処理する」
(5) face は「〜に直面する」という意味の動詞。students を修飾する現在分詞にする。facing が正解。
(6) the case で「真相」という意味。
(7) such as ... more funding は misconceptions の具体例で，英文は misconceptions ... continue と続く。
(8)**ア**第2段落第6文（*ll*. 12-13）と不一致。**イ**第2段落第7文（*ll*. 13-15）と不一致。**ウ**第3段落第5文〜第6文（*ll*. 21-23）と一致。

全文訳 アメリカの公立学校の教育について広く信じられている２つの誤解は，手近な証拠とはっきりと食い違っている。アメリカでは，多くの人々が，お金を十分にかけてもらえない子どもや公立学校はよい成果を挙げることができないという考えを受け入れるようになった。こうした誤解にもいくらかの真実はあるが，意見を交換する訓練を積んできた教育者たちでさえ，一般に信じられている誤解のせいで，すぐれた教育方針を採用する機会を逃すこともあり得るだろう。では，この問題についての真実とは何か。

まず子どもの問題から始めよう。例えば，貧困のような社会的な問題のために貧しい生徒が学業でつまずく可能性があるということは，実際本当なのか。学校はそうしたことを防ぐのに本当に無力なのか。貧困やほかの社会的問題が重大な課題を提起することには疑いがないが，これらの課題に対処することは不可能ではない。研究者によれば，質の高い就学前プログラムが，こうした社会的問題に直面している生徒に対してはっきりとよい成果を生み出す可能性があるということだ。就学前プログラムを受けた生徒は，就学前プログラムに参加しなかった生徒に比べて，学校での成績がよかったのである。また，高校を卒業したり，雇用されたりする割合も多く，刑務所に入る割合は少なかった。このように，早い時期からの質の高い教育は，貧困のような社会的問題があっても好ましい結果を生み出すことが示された教育方針の一例になっている。

もう一つ別の誤解はお金に関するものである。学校が資金不足で不十分な成果しか挙げられないというのは本当に事実なのか。十分な資金があることは，学校が成功するための必要条件ではあるが，それだけでは決して十分ではない。学校が成果を挙げるのに貢献する要因はほかにもいくつか存在する。制度的な動機づけはその一例である。もし学校が十分な成果を挙げたのに報われないならば，どれだけ多くのお金が自由に使えても，学校は成功するための動機をほとんどもたない。そのうえ，たとえ学校が多額の資金的援助を提供されたとしても，生徒の成績の大幅な向上を即座に期待することは難しい。それには時間がかかる。

要するに，今日でさえ，貧しい子どもは適切な資金がなければ成功できないし，成果が挙がっていない学校が成果を挙げるにはもっと資金を供給するしかない，という誤解は依然として存在している。このような誤解がいつまでも続くと，教育の分野では，社会的問題や財政的問題を克服することが非常に困難だと信じられるようになる。しかしながら，もし私たちが一般的な誤解についてもう一度よく考え直してみるならば，すぐれた教育方針案が思い浮かぶようになるのである。

Point

形容詞を限定する副詞的用法の不定詞

① This car is **easy to drive**.
（この車は運転しやすい。）
② He is **impossible to teach**.
（彼には教えようがない。）

解説

副詞的用法の不定詞の１つとして，直前の形容詞の意味を限定する用法がある。①では，to drive が easy の内容を限定して，「運転するのにやさしい→運転しやすい」という意味になる。この文では，文の主語の This car が drive の意味上の目的語になっている（drive this car という関係が成立）点が特徴で，この文は形式主語を用いて，It is easy to drive this car. と言い換えることができる。また，②のように「人」を主語にした英文も可能である。

この用法で用いられる形容詞としては，easy, hard, difficult, dangerous, impossible, pleasant, tough などがある。

なお，この用法の不定詞の場合，文の主語が不定詞以下の前置詞の目的語になる場合もある。This river is dangerous to swim in.（この川は泳ぐのに危険だ。）ここでは，swim in this river という関係が成立している。

---

19 作文指導の悩み　　(pp. 40～41)

(1) **オ**　　(2) **ア**
(3) **イ**　　(4) **ウ**
(5) **ウ**
(6) 毎週末を作文用紙の山に埋もれて過ごすのは，いやな仕事だ。

解説

(1) competitor は「競争相手」。
(2) 下線部②の free は「免れて」の意味。
(3) the opposite trouble より on the contrary「これに反して」。
(4) 空所の前の「生徒は作文を決して書かず，私は書かせるために，あれこれ試してみた」という内容と，空所のあとの「生徒は作文を書くくらいなら何だってする（＝決して書かない）と割り切った」という内容から判断する。use は名詞で「役に立つこと」の意味。no use で「無駄」。この use は [juːs] と発音する。
(5) 「自叙伝」を言い表しているものはどれか。
(6) It は直前の文の内容を指している。

全文訳 以前，私と同じように作文の夜間クラスを数年間教えている友人と話をしたことがある。競争相手だったが，自分たちの経験について情報交換をすることにしたのだ。

「一番の問題は？」と私は彼に尋ねた。「一番の問題は」と彼は答えた。「いつも同じだよ。困りものさ。講座の期間中はずっと，毎週末を作文用紙の山に埋もれて過ごしている。いやな仕事だ」

私をこれ以上びっくりさせたものはなかった。私の週末

にはうれしいことに添削しなければならない作文用紙など
なかっただけでなく，それどころか，私はいつも真逆の悩
みを抱えていた。生徒に十分な量の作文を書かせることが
まったくできていなかったのだ。彼らはとにかく書かな
かった。私はあれこれ試して，お願いしたり，頼み込んだ
りした——無駄だった。私はずっと以前に，ふつうの生徒
は作文を書くくらいなら何だってするだろうと割り切って
いた。

　私たちの2つの作文講座にある，この大きな違いをど
う説明すればよいのか。無論，こういうことだ。友人は創
作的な作文を教え，私はそれとは別の実務的な類いの作文
を教えていた。創作的な作文講座を取る人には文章を書き
たいという気持ちがあり，実務的な作文講座を取る人は作
文恐怖症なのだ——恐怖症とは，辞書では「ある特定の事
柄や状況への過剰で持続性のある恐怖心」と定義されてい
る。

　当然，この原則に当てはまらない例外もある。毎年一度
くらい，生徒の中に「創作的な」タイプの人が現れて，私は
長くてくどい自叙伝や，脚色した体験談，哲学的なテーマ
のエッセイを手渡された。

Point

「～させる」という意味を持つ動詞

① The accident greatly **surprised** us.
　（その事故は私たちを大いに驚かせた。）

② The noise **excited** the dog.
　（その騒音は犬を興奮させた。）

解説

　surprise は「驚かせる」，excite は「興奮させる」
という意味の動詞。**「～させる」**という意味を表す
動詞は，このほかに please「喜ばせる」，frighten
「ぎょっとさせる」など，多数ある。

・He is hard to **please**.
　（彼は喜ばせるのが難しい。→彼は気難しい。）

・The thought **frightened** him.
　（その考えは彼をぎょっとさせた。→そう考え
　ると彼はぎょっとした。）

---

20 和製英語の功罪　　(pp. 42～43)

(1) ア
(2) 全文訳 の下線部参照。
(3) (B)イ　(C)ウ　(D)ア
(4) ある通貨を別の通貨に両替すること。
(5) ア，エ，オ，カ
(6) make change
(7) イ

解説

(1)「コンビニエンスストアは英語を学ぶにはあまりよ
　い場所ではない」と述べたあとで，店にある英語の

掲示の例を挙げている。

(2) compare ～ to ... は「～を…と比べる」。myself as a
　teenager は「10代の頃の自分」のこと。

(3)(B) suppose は「～だと思う」。　(C) sound like ～は「～
　のように聞こえる，思われる」。　(D) sure は「確信
　して」。

(4)直前の文の内容を指している。

(5)ア第2段落第6文以降(ll. 10-12)の内容と一致する。
　エ CHANGE MONEY は第3段落第4文(ll. 16-17)
　中の「銀行ですること，すなわち円をドルやユーロ
　などに替えること」なので正しい。　オ通貨を交換
　しない銀行では，この掲示を見かける可能性があ
　るので正しい。　カ第4段落第5文～第7文(ll. 22-
　25)に一致する。

(6)直前の文中の make change を指す。

(7)この文では change は名詞で使われており，「ポケッ
　トに入れておくとよい」とある。また，「コンビニエ
　ンスストアで change がほしいなら買い物をしなけ
　ればならない」という記述から，change は「小銭」を
　表すことがわかる。

全文訳　英語は日本で多く使われており，それは英語を
学んでいる人々にとってよいことだ。ときには新しい語句
を覚えることができる。だが，語句が正しく使われていな
いことがある。これは私がジャパニーズイングリッシュと
呼んでいるもののことだ。今月はそれらのいくつかの例を
見てみよう。

　コンビニエンスストアは日本の社会の一部となってい
る。昼でも夜でも店に行って必要なものはほとんど何でも
買えるのはとても便利だ。しかし，コンビニエンスストア
は英語を学ぶにはあまりよい場所ではないことを私はきみ
たちに言っておくべきだ。例えば，私の家の近くのコンビ
ニエンスストアのレジ近くに掲示があって，WE CANNOT
CHANGE（私たちは変わることができません）と書いてあ
る。目にするたび，私は「おやまあ，そいつはまずい，お
気の毒に」と心の中で思う。結局，人間はみんな変わるのだ。
それは人生の一部だ。10代の頃の自分と今の自分を比べ
ると，私は変わった。私は大いに変わった。それはよかっ
たり，悪かったりだが，私は確かに変わった。

　これは，その店が言いたい意味ではないことを私は知っ
ているが，そう書いてある。その最大の問題点は change（変
える）という単語のあとに目的語がないことだと思う。も
し「WE CANNOT CHANGE MONEY（私たちは両替するこ
とはできません）」と書かれていたら，その掲示は正しいも
のにより近くなるだろう。しかし，これにはまだ問題点が
ある。これは銀行ですること，すなわち円をドルやユーロ
などに替えることのように聞こえる。コンビニエンススト
アではこれは確かにしていないが，まだその言い方は完全
に正しくはないと思う。

　その店は人々に「お金をくずす」のを断っているのだと
思う。change は動詞だが，名詞形もある。名詞の意味の
1つに「小額の紙幣や硬貨」の意味がある。もしあなたが

1000円札を持っていて100円玉10枚がほしいとき，店に両替を求める。掲示には「We cannot make change（当店ではお金はくずせません）」と書かれていて，それならほぼ完ぺきだと思う。店に小銭はきっと十分にあって，その気になればお金をくずせるが，店にその気はない。完ぺきな掲示はこうだ。WE DO NOT MAKE CHANGE.（当店ではお金をくずしません。）

ポケットに常に小銭をいくらか持っているのは，いい考えだ。もしコンビニエンスストアでお金をくずしたいなら，小銭を得るために何かを買わなければならない。では，また次回。さようなら！

Point

接続詞
① **時**を表す（when，while，before，after，since，as soon as，till，until，whenever など）
Whenever I see Mary, I remember my sister.
（私はメアリーに会うといつでも，妹を思い出す。）
② **原因・理由**を表す（because，since，as など）
I missed the bus, **because** I got up late.
（私は遅く起きたので，バスに乗り遅れた。）
③ **条件**を表す（if，unless，supposing など）
If it is fine tomorrow, let's go on a picnic.
（もし明日晴れたら，ピクニックに行こう。）
Unless you study hard, you'll fail.
（あなたは一生懸命勉強しないと，失敗するよ。）

解説
　副詞節を導く接続詞には，「時を表すもの」「原因・理由を表すもの」「条件を表すもの」のほかに「**譲歩**を表すもの（though，although など）」「**様態**を表すもの（as，as if など）」「**制限**を表すもの（as long as，as far as など）」がある。
・**Though** it may sound strange, I believe him.
（それは奇妙に聞こえるかもしれないが，私は彼の言葉を信じる。）（譲歩）
・She talks **as if** she knew everything.
（彼女は何でも知っているかのように話す。）（様態）
・I will teach English **as long as** I live.
（私は生きているかぎり，英語を教えるつもりだ。）（制限）

21 電話の驚異的な進歩　(pp. 44〜45)

(1)　(a)**イ**　(b)**ア**　(c)**ア**
(2)　**イ**　(3)　①**エ**　②**ア**

解説
(1)(a)「ベルが電話機を発明した」という第1段落の内容を受けて，「実は，電話機を発明するつもりはなかっ

た」という流れをつかむ。　　(b)空所を含む従属節「この電話は持ち運ぶことはできた」と主節「大きすぎるうえに通話範囲が狭かった」という内容から考える。even though「〜ではあるけれども，たとえ〜でも」
　(c)前後の内容から判断する。「人ひとりの命を救えるようになった。ところが，もっと多くの命を救えるようになった」という文脈をつかむ。
(2)第4段落を参照。**ア**第8文（ll. 37-38）と不一致。do 〜 good[harm] で「〜のためになる[ならない]」。**イ**第1文〜第5文（ll. 31-36）と一致。prevent O from doing で「〈主語のせいで〉O は〜することができない」。　**ウ**第6文〜第7文（ll. 36-37）と不一致。in that 〜「〜という点で」　**エ**第3文（ll. 32-33）と不一致。cheat O into doing は「O をうまくだまして〜させる」という意味だが，該当箇所にはそこまでの悪意はない。
(3)①**エ**第1段落を参照。「ベルがワトソンに初めて電話をかけたとき，彼らはその電話機がそれほど重要な装置になるとは夢にも思わなかった」　②**ア**第3段落第7文〜第8文（ll. 25-28）を参照。「ニュージャージー州のベル研究所の科学者たちによって作られた新しい携帯電話は，たとえ電源が切れていても役に立つ」

全文訳　「ワトソン君，こっちに来てくれ。手を貸してほしい」アレクサンダー・グラハム・ベルは，これらの7語のありふれた言葉を助手のトーマス・ワトソンに伝えた。しかし，これが新たな発明品である電話機越しにベルが発した最初の言葉だと知れば，この言葉は特別なものになる。1876年3月10日，ベルが服に酸をこぼしたとき，史上初の「緊急電話」が鳴り，ワトソンはその新たな発明品の電線を通じて，助けを求めるベルの声を聞いた。その日，どちらの男もこの発明がアメリカや世界中に与える衝撃を考えもしなかった。

　実際，ベルは電話機を発明するつもりはなかった。同じ電線を使って，いくつもの短い伝言を同時に送信できる電信機を作り上げようとしていた。その作業をしていたとき，電線が音を伝えられることを発見し，電話機の構想が生まれたのだ。それからすぐに，ベルは初の電話機を作り上げ，特許を取得した。電話機はたちまちそこら中に現れはじめた。1890年代までには，多くのアメリカ人が自宅に電話を持っていた。やがて，硬貨を投入して使う公衆電話が町中に設置された。電話が都市をつないでしまうと，国々をつなぐまでには長くかからなかった。1955年には，大西洋横断ケーブルのおかげで北米の人がヨーロッパの人と話せるようになった。そのあと，1960年代には，通信衛星のおかげで人は世界中のほぼどこにいる相手とも話せるようになった。

　モバイル，つまり持ち運びのできる電話は，その進化史における次なる一歩となった。その電話はまず，1920年代にニューヨーク市の警察車両に姿を現した。この電話は持ち運ぶことはできたが，大きすぎるうえに狭い範囲で

しか通じなかったため，一般市民は興味を持たなかった。1978 年，ポケットやバッグに収まるくらい小型の携帯電話が発明され，一般市民の考えを一変させた。1981 年には，携帯電話は国中で使われるようになっていた。今日では，子どもが親と連絡を取り合うために携帯電話を使い，ビジネスマンが会社や顧客と連絡を取るのに携帯電話を使い，最も重要なことに，車を運転する人やほかの人たちが携帯電話を使って緊急電話をかけ，人ひとりの命を救うことがある。ところが，ニュージャージーのベル研究所の科学者たちは携帯電話の設計に，もっと多くの命を救うことになるちょっとした変更を施した。その新たな携帯電話は，電源がオフになっていても人の脈拍と呼吸頻度を測定，あるいは検査できる。救急隊員が地震やそのほかの災害のときに携帯電話からの信号を使って人を探し出し，助けることができるようになるのだ。

どんな発明にも言えることだが，電話はいくつかの問題を引き起こしてきた。電話は少なからず家族や友人と過ごす時間に割って入ってくる。電話勧誘業者が商品を購入するよう説得できればと願いながら，自宅に迷惑電話をかけてくる。電話を携帯できることは，ほかにも問題を引き起こした。多くの人は，同僚や従業員がどこにいようと，いつでも連絡を取れると期待する。これでは，仕事とは無関係な時間を楽しむことができなくなる。もうひとつの問題が，車の運転のような，ほかのことを同時に行いながら携帯電話を使うことだ。これは，かなり危険だ。とは言え，おおむね，電話は 2 億 9,000 万人以上の人が住む国に恩恵をもたらした。電話のおかげで家族どうしが何マイルも離れていようと連絡を取り合えるようになったし，電話のおかげで商売の手がより多くの顧客に届くようになり，緊急電話が警察や消防士，救急医療隊員に通じるようになって数百万の命を救い，人々が互いに，友人どうしに手を差し伸べるようになって，こう告げることができるのだ。「こっちに来てくれ。手伝ってほしい」

Point

譲歩を表す接続詞

① **Even if** you don't like her, you have to help her.

（たとえ彼女が好きでないにしても，あなたは彼女を助けなければならない。）

② **Even though** I fail, I will try again.

（たとえ失敗しても，もう一度試してみるつもりだ。）

解説

even if, even though は「たとえ〜としても」の意味を表す。

このほか，最上級の形容詞が even の意味を帯びて，譲歩を表すことがある。

・**The most** foolish man knows his own name.

（どんな愚かな人でも自分の名前は知っている。）

また，〈no matter ＋疑問詞〉あるいは〈関係詞

＋ ever〉を用いた譲歩表現は多い。

・**No matter who** says so （＝ **Whoever** says so），it is not true.

（だれがそう言おうと，それは真実ではない。）

・Things will change, **whether** you like it **or** not.

（好むと好まざるとにかかわらず，物事は変わっていく。）

22 仕事の持つ意味 （pp. 46〜47）

(1) **全文訳** の下線部(a)，(b)参照。
(2) ①**イ** ②**ア** ③**イ** ④**ウ**
(3) ①× ②× ③○ ④× (5)○

解説

(1)(a) even は「〜でさえも」，less painful than 〜「〜より苦痛ではない」，idleness「何もしないこと」
(b) that は動名詞 feeling の目的語になる名詞節を導く。would have been pleasanter は仮定法過去完了の文。「もっと楽しかったのではないか」
(2)① tedium は「退屈」。「単なる退屈しのぎ」＝「単に退屈をやわらげること」 ②「選択をすること自体が面倒なことだ」＝「単に選択するという作業は面倒だ」 ③ provided は「もし〜ならば」の意味の接続詞。「命令がそんなに不愉快でないかぎり」＝「人があなたにするように言うことがそんなに悪くないかぎり」 as long as も「〜するかぎりは」の意味の接続詞。④「このような感動する出来事の数はかぎられている」＝「このような感動する経験は無制限にあるものではない」
(3)①第 1 文（*ll.* 1-2）と不一致。 ②第 7 文（*ll.* 9-11）と不一致。 ③第 7 文〜第 8 文（*ll.* 9-12）と一致。 ④第 9 文（*ll.* 12-14）は「ほとんどの人は賢く余暇を使うことができていない」ということ。 ⑤最終文（*ll.* 19-21）と一致。

全文訳 仕事が幸福を生み出す原因の中に含まれるべきか否かはたぶん，疑問の余地のある問題だと考えられるかもしれない。確かに非常に退屈な仕事も数多くあり，仕事が度を超すといつもたいへんな苦痛を伴うものである。しかしながら，仕事の量が多すぎるということがなければ，(a)究極に退屈な仕事であっても大部分の人々には何もしないよりは苦痛が少ないと私は思う。仕事には，その仕事の性質と働き手の能力によって，単なる退屈しのぎというものから最も深遠な喜びまで，あらゆる段階がある。大部分の人々がしなければならない仕事の大部分は，それ自体はおもしろくはない。しかしそんな仕事でさえ，ある大きな利点を持っている。まず最初に，人が何をするかを決める必要なしに，仕事はその日のかなり多くの時間を満たしてくれる。自分の選択によって自分自身の時間を満たす自由

を与えられたとき，大部分の人々は，する価値のある十分に楽しいことを考え出すのに当惑してしまう。そして彼らが何を決めようとも，(b)ほかの何かのほうがもっと楽しかったのではないかと思って悩むのである。賢く余暇を使うことができるということは文明の最後の産物であり，現在はほとんどの人々がこのレベルに達していない。そのうえ，選択をするという行為自体が面倒なものである。人並み以上の決断力を持った人々以外にとって，命令される内容がそれほど不愉快でないかぎり，その日のそれぞれの時間に何をするべきかを言われることは確かに望ましいことである。怠け者の金持ちの大部分は単調な骨折り仕事から逃れる代償として，口では言い表せない退屈に苦しんでいる。ときには彼らはアフリカで大きな獲物を狩りで手に入れたり，全世界を飛行機で飛び回ったりして気晴らしをするかもしれないが，特に若くなくなったあとは，このような感動する出来事の数はかぎられている。だからより賢明な金持ちの男たちは，貧乏であるかのように一生懸命に働く。一方，金持ちの女性たちはほとんどの場合，数多くの取るに足らぬことで，自分自身を忙しくしている。

Point

同 格

① No one knows the fact **of** your meeting him.
（あなたが彼に会うという事実をだれも知らない。）

② The news **that** he had been sick surprised his mother.
（彼が病気だったという知らせは彼の母を驚かせた。）

解説

①の of は**同格の of** と言われ，〈**名詞 A ＋ of ＋名詞 B**〉の形で「**B という A**」の意味を表す。

②の that は**同格の that** と言われ，〈**名詞 ＋ that 節**〉の形で「**〜という名詞**」のように名詞の内容を that 節が説明する。①の No one knows the fact of your meeting him. は No one knows the fact **that you meet him**. と of 以下を節に書き換えても，意味はほとんど変わらない。

23 私の大好きな先生　(pp. 48〜49)

(1) **全文訳** の下線部参照。
(2) 「ガラス片の上に倒れて唇を切った」と答えた。
　　理由…ほかの人と違った状態で生まれてきたことよりも，事故にあったことのほうが受け入れてもらえそうに思えたから。
(3) よく聞こえるほうの耳をふさいでいるふりをした。
　　理由…唇以外にもほかの子どもと違っているところがあることを知られたくなかったから。

(4) 「あなたが私の娘だったらよかったのに」という先生の言葉。
(5) (a)**イ**　(b)**ア**

解説

(1) require O to *do*「O に〜することを要求する」を思い出すこと。while は「一方」の意味。
(2) 第 2 段落第 1 文（*ll.* 4-5）の I'd tell them 以下に答えが，同段落第 2 文（*ll.* 5-6）にその理由がある。
(3) 第 5 段落最終文（*ll.* 17-18）に「私は単に耳をふさぐふりをしただけだった」とあるのが行為の内容。それをした理由は，下線部①の直前，第 4 段落第 2 文（*ll.* 12-14）にある。
(4) "I wish you were my little girl." という 7 語の言葉である。
(5)(a) happen to 〜 で「（出来事などが）〜に起こる，降りかかる」の意味。　(b)「テストの間中」という意味にする。

全文訳　私はほかの人と違っていることを，成長するにつれて知った。そして，そのことがたまらなくいやだった。私は口蓋破裂を生まれつき持っており，学校へ行き始めたとき，級友たちは私がまわりの人にどのように見えるのかをわからせてくれた。私は奇形の唇，曲がった鼻，醜い歯をした，はっきり言葉を話せない女の子だった。

級友たちが「あなたの唇はどうしたの？」と尋ねたとき，私はガラス片の上に倒れて切ったのだと答えたものだ。とにかく，ほかの人と違った状態で生まれたと言うよりも，事故にあったと言ったほうが受け入れてもらえそうに思えた。家族以外のだれも私を愛してくれないと信じて疑わなかった。好きになってくれることさえないのだ。そんなとき，私はレナード先生の 2 年生のクラスに入った。

レナード先生はふくよかで，美しく，いい匂いがして，輝く茶色の髪と，温かくて黒い，微笑をたたえた目をしていた。だれもが彼女にあこがれた。しかし私が愛した以上には，だれも彼女を愛するようにはならなかった。特別な理由があったからだ。

私たちの学校で毎年行われる聴力テストの時期がやってきた。私は片方の耳がほとんど聞こえなくて，人と違うとやり玉に挙げられるような，もうひとつ別のことを明かすなんてとんでもないと思った。だからズルをした。

「ささやきテスト」はそれぞれの子どもが教室の扉のところへ行き，横を向き，1 本の指で片方の耳をふさぐ必要があった。一方，先生は彼女の机のところから何かをささやき，それを子どもが繰り返した。それから，もう一方の耳でも同じことをするのだった。検査されていないほうの耳がどのくらいきっちりふさがれているか，だれも調べなかったので，私は単に耳をふさぐふりをしただけだった。

いつものように，私が最後だった。しかしそのテストの間中ずっと，レナード先生が私に何を言うだろうかと思っていた。それまでの数年の例から，先生が「空は青い」とか「新しい靴を持っているの？」といったことをささやくのを

知っていた。

　私の番がきた。私は悪いほうの耳を先生のほうに向け，もう一方をちょうど聞き取れるくらいにふさいだ。私は待った。すると，きっと神様が彼女の口に吹き込んだのだと思える言葉，それからの私の人生を変えた７語が聞こえてきた。

　私の大好きなレナード先生は，そっとささやいた。「あなたが私の娘だったらよかったのに」

Point

仮定法過去

① **If it were not for** the sun, we **could** not live on the earth.

（太陽がなければ，私たちは地球で生きることができないだろう。）

② The child talks **as if** he **were** a grown-up.

（その子どももまるで大人であるかのように話をする。）

③ **I wish** I **were** a bird.

（私が鳥ならいいのになあ。）

解説

　仮定法過去は「**現在の事実に反する仮定**」を表す表現法である。動詞には**過去形**を用いるが，be動詞は**were**を用いることが多い。また，動詞は過去形であっても，**意味は現在のこと**を表すので，間違えないようにすること。

　例えば，③の文には「鳥ならいいのに（鳥でなくて残念だ）」という意味が含まれており，直説法で書き表すと，I am sorry I am not a bird.（私は鳥でなくて残念だ。）となり，現在の事実（鳥でないこと）に反する仮定（鳥だったら）を表している。

24 需要と供給の経済学　(pp. 50〜51)

(1) (a)**オ**　(b)**カ**　(c)**イ**　(d)**エ**
(2) ①**ウ**　②**ウ**　③**ア**　④**ウ**
(3) ①**エ**　②**イ**　③**エ**　④**イ**
(4) **全文訳**の下線部参照。

解説

(1)(a)「流通とは商品やサービスを人々に届けることだ」
　(b)「このシステムのもとでは，経済活動の実践において，人々は多くの自由と権利を享受している」
　(c)「競争とは，消費者が最もほしいと思う製品を生産することによって同業者が利益を求めて互いをしのぐためにする努力である」　(d)「消費者の需要は供給に直接の影響を与える」　have an effect on 〜で「〜に影響を与える」。
(2)①この meeting は「〜を満たす」の意味の動詞 meet の動名詞。　② career は「職業」の意味。　③ profit は「利益」の意味。　④ similar は「似ている」の意味。

(3)①「タクシーで送り届けることは人々へのサービスの１つである」　②「かわいい日本人形をプレゼントとして買うとき，このような購入は一種の消費である」　③「自由競争制度は人々が自分で起業することを可能にする」　④「会社間の競争は激しい，なぜなら売上額は消費者の選択にかかっているからだ」
(4)この will は未来ではなく，傾向・習性（または主語の強い意志）を表す。make a profit on 〜「〜で利益を得る」　文末の sell は「（物が）売れる」という意味の自動詞。because が導く節から訳して「〜なので…」としてもよい。

全文訳　消費者として，人にはほしいものと必要なものの両方がある。これらのほしいものと必要なものには商品，すなわち生産品が含まれる。商品とは食品，衣類，器具類のような物質的な品目のことだ。人はまたサービスの提供も受けたいと思い，それを必要とする。サービスとはお金と引き換えにほかのだれかのために行われる行為，例えば散髪のようなことだ。消費者とは商品やサービスを買ったり利用したりする人のことだ。

　消費者のほしいものと必要なものはどのようにして満たされるのか。さまざまな国にさまざまな経済システムがある。ほしいものと必要なものを満たす経済システムはすべて，主な３つの段階から成る。つまり，生産，流通，消費である。生産とは商品を作ったり，サービスを提供したりすることだ。流通とは商品やサービスを人々に届けることだ。消費とは商品やサービスを選択したり，購入したり，使ったりすることだ。

　すべての経済システムが生産，流通，消費の段階から成るが，すべての経済システムが同じだとはかぎらない。

　合衆国の経済システムは自由競争と呼ばれている。このシステムのもとでは，経済活動の実践において，人々は多くの自由と権利を享受している。彼らは自分自身の職業を選ぶ自由がある。どの商品やサービスを買うか，どこで買うかを選択できる。自由競争ではまた，すべての人は生産する自由だけでなく，個人の財産を所有する自由も得られる。これは，人々が利益を得るために自分で起業することが許されているということだ。商取引への政府の関与は注意深く制限されている。

　自由競争制度の重大な特徴は競争である。競争とは，消費者が最もほしいと思う製品を生産することによって，同業者が利益を求めて互いをしのぐためにする努力である。競争が企業に品質の高い商品やサービスを提供するよう促し，消費者はより自由に選ぶことができる。例えば，シャンプーを買うとき，さまざまな銘柄から選ぶことができる。それらの銘柄の製造業者は消費者のお金をめぐって競っているのだ。

　消費者としての選択すべてが，企業が何を生産するのかを決定するのに一役買っている。これは供給と需要の法則であり，自由競争のもう１つの重大な特徴である。供給とは消費者が選べる商品とサービスの量と種類のことである。需要とは消費者が求めることである。消費者の需要は供給

に直接の影響を与える。買う物を決めるたびに，購入する商品やサービスに賛成票を投じていることになるのだ。企業は消費者が買わない商品を作ることはない。売れない商品から利益を得ることはできないからである。それゆえ，消費者は企業が生産するものに強力な影響を与える役目を果たしている。

25 アメリカの奴隷制度　　(pp. 52〜55)

(1)　①エ　④ウ
(2)　A－エ　B－イ　C－ア　D－イ　E－ウ
(3)　最大級の奴隷の競売が 1859 年にジョージア州サバナで行われ，436 人もの男女，子ども，生まれたばかりの赤ん坊が売買された（のは，悲しい出来事だった）から。
(4)　(for anybody) to aid a runaway slave
(5)　社会の変革を願う人にとって最も重要な

手段だった文筆活動で自分の意見を表明し，制定された逃亡奴隷法に抗議しようと考えたから。
(6)　全文訳 の下線部(a)，(b)参照。
(7)　①2　②1　③1　④2　⑤1

解説
(1)① severe「深刻な，厳しい」　④ endure「〜に耐える」
(2) A. with little[no] regard for 〜「〜をほとんど[まったく]考慮せずに」　B. 文筆活動は重要な「手段」となった　C. differ in 〜「〜の点で異なる」　D. however「しかしながら」　E. respected「尊敬されている，立派な」　respectable「尊敬すべき」　respective「それぞれの」　respectful「尊敬の念に満ちた」
(3)下線部を含む 1 文から，「この悲しい出来事」＝「嘆きの時」という関係が読み取れる。したがって，「この悲しい出来事」を具体的に述べた直前の 1 文(ll. 15-18)を理由にすればよい。
(4)この it は仮目的語。下線部を含む分詞構文は make O C「O を C にする」という第 5 文型になっており，あとに真の目的語が不定詞の形で続いている。for anybody は不定詞の意味上の主語を表す。
(5)第 4 段落最終文(l. 30)に着目して，第 3 段落〜第 4 段落の内容をまとめればよい。文筆活動が重要な手段だったこと，逃亡奴隷法の制定に抗議するために『アンクル・トムの小屋』を執筆したことを押さえる。
(6)(a) It was 〜 that ... の強調構文。ここでは，副詞句 in that social situation が強調されている。Harriet Beecher Stowe と the author of *Uncle Tom's Cabin* は同格関係にある。　(b)過去完了の had banned は，述語動詞 regarded の時点より前の出来事であることを表す。regard A as B「A を B とみなす」　give support to 〜「〜を支持する」
(7)①第 1 段落第 4 文(ll. 6-7)に不一致。　②第 2 段落第 1 文〜第 2 文(ll. 11-14)に一致。　③第 5 段落〜最終段落の内容に一致。　④最終段落第 5 文(ll. 41-44)に不一致。　⑤最終段落最終文(ll. 45-47)に一致。

全文訳　アメリカ合衆国における奴隷所有は，オランダ船が 20 人のアフリカ人をヴァージニア州ジェームズタウンに連れてきて，契約使用人としてアメリカの植民地開拓者に売却した，1619 年に始まった。残念なことに，年月を重ねるにつれ，この仕組みは奴隷制へと発展し，さまざまな奴隷条例によって最終的に合法化された。例えば，1705 年のヴァージニア法典は，母国でキリスト教を信仰していなかった奴隷はみな，所有者の財産とみなすと規定した。ほかの法律は，奴隷とそうでない者，さらには奴隷どうしの結婚を禁じた。また，逃亡奴隷への厳罰を認める法律も可決された。所有者に抵抗する奴隷は所有者によって合法的に命を奪われ，そのような死は法的には事故とみなされることになった。

植民地時代には，奴隷貿易は主に南部で一般的になり，奴隷労働は米やタバコの生産に好都合だった。奴隷はプランテーション型農業の経済的基盤とみなされ，多くの土地所有者がますます奴隷労働に頼るようになった。奴隷は多くの場合，家族関係などほとんど，あるいはまったく顧みられることなく競売にかけられた。記録に残っている最大級の競売が1859年，雨の降る2日間に行われ，ピアース・バトラーという奴隷所有者は，436人もの男性，女性，子ども，ジョージア州サバナにある自身のプランテーションで生まれた赤ん坊を売り払った。この悲しい出来事は，アフリカ系アメリカ人の間で「嘆きの時」として知られるようになった。

そうした社会状況だったため，奴隷制への反発がアメリカのあちこちで起こり，文筆活動は，奴隷制に反対する者が変革を願って自分の意見を表明する重要な手段となった。(a)ハリエット・ビーチャー・ストー，『アンクル・トムの小屋』の著者がコネチカット州で生まれたのは，そんな社会状況の中でのことだった。彼女の父親は奴隷制に反対するキリスト教徒だった。結婚してシンシナティに引っ越すと，ハリエットは黒人奴隷の苦しみをよりいっそう意識するようになった。

奴隷制をめぐる状況はますます悪化した。1850年には，逃亡奴隷法が合衆国の法律に定められて，だれであっても逃亡奴隷に手を貸すことは犯罪とされ，奴隷所有者には自分の奴隷を捕らえて南部の州に連れ戻す権利が付与された。ハリエットは，この法律に反対して『アンクル・トムの小屋』の執筆を決意した。

物語はアンクル・トムを中心に展開する。彼は所有者によって転々と売られていく奴隷で，妻子と引き離され，所有者サイモン・レグリーの手による暴行やひどい仕打ちに耐える。カナダに逃れる数人の奴隷仲間に手を貸したあと，トムはレグリーの指示で撲殺される。奴隷制度，白人のプランテーション所有者のせいで奴隷が耐え忍ぶ惨状についての率直な描写は，多くの読者に強い衝撃を与えた。

北部州と南部州とでは，この本に対する意見が違った。(b)北部州は，1700年代の終わり頃に奴隷制を禁じていて，この本を奴隷制廃止という目標を支持する重要な作品とみなした。一方，奴隷制をいぜんとして支持していた南部諸州からの反応はまるで違った。南部の人々は，この本は不正確だと批判し，事実に基づいていないと訴えた。ストーの作品で表された見解への抗議として，数冊の本が南部出身の著者によって書かれ，奴隷を幸せそうな労働者として，奴隷所有者を心優しい主人として描いた。この本に対する反応の違いは，奴隷制に対する北部州と南部州のそれぞれの考え方を際立たせた。1852年の『アンクル・トムの小屋』の刊行が奴隷廃止論者運動への重要出来事となり，実際に南北戦争の勃発へとつながるひとつの要因になったことは，疑いの余地がない。

Point

形式目的語 it

① **真の目的語が不定詞**

John found **it** easy for his son **to solve** the problem.

（ジョンは，息子がその問題を解くのは簡単だと気づいた。）

② **真の目的語が動名詞**

I think **it** dangerous you **going** out alone at night.

（きみが夜中にひとりで出かけるのは危険だと思う。）

③ **真の目的語が名詞節**

I took **it** for granted **that** she would agree with me.

（私は，彼女がもちろん賛成してくれるものだと思っていた。）

解説

目的語が長い場合，**it** を**形式目的語**として先に用い，真の目的語をあとにまわす。**真の目的語に**なるものには，不定詞，動名詞，名詞節がある。目的語か主語かの違いがあるが，考え方は形式主語の it と同じ。形式主語の it については「日本人の集団主義」の **Point** を参照。(p.13)